Je mange quoi...
QUAND JE SUIS
VÉGÉTARIEN

FIRST
Editions

À mes diététiciennes qui travaillent avec enthousiasme :
Isbaelle Cauët et *Lucie Picaud*.

ISBN : 978-2-412-02554-3
Dépôt légal : mai 2017
Imprimé en Slovénie
Direction éditoriale : Aurélie Starckmann
Mise en page et couverture : Antartik
Préparation de copie : Christine Cameau
Photographies des recettes : Betül Balkan
Stylisme des recettes : Virginie Martin
Photographie de couverture (sac de légumes) : © istock

Éditions First, un département d'Édi8
12, avenue d'Italie
75 013 Paris – France
Tél. : 01 44 16 09 00
Fax : 01 44 16 09 01
E-mail : firstinfo@efirst.com

Site internet : www.editionsfirst.fr

Dr Jean-Michel **COHEN**

Je mange quoi...
QUAND JE SUIS
VÉGÉTARIEN

FIRST
 Editions

SOMMAIRE

GUIDE PRATIQUE

Ce qu'on appelle aujourd'hui le *végétarisme* est un régime alimentaire excluant toute chair animale (viande, poisson), mais qui admet, en général, la consommation d'aliments *d' origine animale*, comme les œufs, le lait et les produits laitiers (fromage, yaourts).

Ce mode alimentaire est réputé excellent pour la santé, car beaucoup moins toxique que le régime mixte. Les végétariens, dit-on, échappent à bon nombre de maladies contemporaines. Effectivement, **le régime végétarien occupe une place de choix dans la prévention et le traitement de cancers liés à la consommation excessive de graisses animales et de cholestérol** (les plus connus : sein, prostate, côlon, utérus). On note aussi beaucoup moins d'accidents vasculaires cérébraux.

Mais, aujourd'hui, les raisons du végétarien sont de plus en plus éthiques, philosophiques et écologiques. On insistera également sur le fait que, la plupart du temps (mais ce n'est pas systématique), ceux qui choisissent l'« option végétarien » ont souvent un mode de vie plus sain, induit par la maîtrise d'un comportement alimentaire qui s'applique globalement à l'ensemble de leurs comportements. Cette hypothèse fréquemment développée n'est cependant pas scientifiquement démontrée à ce jour.

UNE TENDANCE EN DÉVELOPPEMENT

On aurait pu penser que, dans les années soixante et soixante-dix, la mode végétarienne allait connaître un véritable essor, les mouvements hippies allant de pair avec cette façon de vivre. Certes, certains écologistes de l'époque se sont lancés, mais on peut dire que, globalement – et surtout en Occident –, c'est exactement l'inverse qui s'est produit. C'est l'industrie agroalimentaire qui s'est développée magistralement et a explosé, proposant à la société un système de (sur)consommation toujours plus diversifié. Il semblerait que ce soit ce système auquel de plus en plus de citoyens aient envie de dire « stop ».

VÉGÉTARIENS ET VÉGÉTALIENS

Stop à l'élevage intensif et son lot de souffrances animales. Aujourd'hui, chaque fois que des activistes d'une association comme L214 mettent des caméras cachées dans des élevages industriels concentrationnaires et/ou des abattoirs, des centaines de gens deviennent adeptes du végétarisme après avoir vu les vidéos. Certes, la méthode contient son lot de marketing et reste brutale, mais elle reflète une part de la réalité. Certains deviennent même végétaliens (la suite fréquemment observée) et ne touchent plus à rien de ce qui vient de cette industrie, ni œufs ni produits laitiers. Il faut dire que les images de poules entassées dans des cages, elles-mêmes entassées dans des hangars, ne voyant jamais le jour, dans des conditions d'hygiène déplorables, ne donnent pas envie, même si cette pratique est moins fréquente qu'on ne le croit, heurtant même les propres éleveurs.

Idem pour le lait, dont la principale « maltraitance » subie par les « vaches laitières » est leurs gestations sans fin, argument majeur pour les végétaliens. Mais c'est un sujet qui prête quand même à plus de discussions et qui est fortement contesté par les agriculteurs, dans la très grande majorité profondément attachés au bien-être de leurs animaux. Les inséminations et gestations à répétition pour la production d'énormes quantités de lait sont épuisantes pour l'organisme de la vache, cela est vrai. Sans parler des incessantes séparations d'avec les petits veaux, nés pour être tués, qui reste également un argument très important pour ceux qui prennent l'« option végétalienne ».

Les omnivores, eux, mettent en avant l'équilibre de l'environnement, la nature omnivore intrinsèque de l'homme, et utilisent aussi bien que les autres l'argument santé au travers des équilibres nutritionnels. Mais l'objet de ce livre n'est pas polémique, se proposant d'exposer le sujet et de proposer des solutions.

VÉGANS

Dans la lancée du végétarisme, on a vu émerger ces dernières années une nouvelle tendance provenant des États-Unis : un mouvement qui refuse de consommer quoi que ce soit en provenance de l'animal, mais qui refuse aussi de porter quoi que ce soit qui a tué ou fait souffrir l'animal (adieu le cuir, la laine... la laine angora surtout, et ne parlons même pas de la fourrure !). On les appelle les végans.

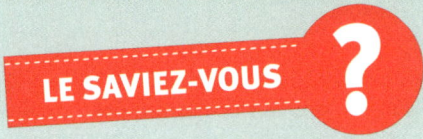
Le terme « vegan » a été conçu à partir des premières et dernières lettres de *vegetarian* en 1944 par le cofondateur de la Vegan Society, Donald Watson.

Aux États-Unis, la première Vegan Society a été fondée en 1948. En France, c'est en 2010 qu'elle fut créée.

Le terme *véganisme* figure dans le dictionnaire Hachette 2013, et depuis 2015 dans le Larousse.

À noter : la France, quant à elle, a récemment découvert un nouveau mot : « antispéciste », mis récemment en avant par le journaliste Aymeric Caron. Un antispéciste met les hommes et les animaux sur un pied d'égalité et ne fait pas de différence entre les espèces d'animaux. Pour lui, il n'existe pas d'espèces « amies » (animaux domestiques) et « ennemies » (animaux juste bons à être exploités et mangés). Un antispéciste ne fait pas de câlins aux chats ni aux chiens tout en trouvant normal de massacrer tous les autres. Pour un antispéciste, toutes les espèces se valent et sont à égalité.

POUR RÉSUMER

VÉGÉTARIEN : pas de chair animale. Mais il y a des nuances : le végétarisme est aussi appelé lacto-ovo-végétarisme, il exclut viandes et poissons, mais garde la consommation de produits issus d'animaux, comme le lait, les œufs, le miel.

- **Le lacto-végétarisme** est le fait de consommer des produits laitiers, mais pas d'œufs.
- **L'ovo-végétarisme** est l'inverse : le fait de consommer des œufs mais pas de produits laitiers.
- **Le semi-végétarisme**, ou pesco-végétarisme, est le fait d'exclure la viande rouge, mais de consommer du poisson, des fruits de mer, voire de la volaille.

VÉGÉTALIEN : pas de chair animale ni de produit issu de l'exploitation animale (lait, œufs, miel...).

VÉGAN : pas de chair animale, ni de produit issu de l'animal, ni de laine, cuir..., aucun test scientifique sur les animaux... Rien qui nécessite l'exploitation des animaux (même pas la visite d'un zoo ou un tour en calèche...).

Selon les études, **le végétarisme a toujours existé, et à l'origine les humains ne se nourrissaient pas de viande.**
Selon les textes bibliques de la Genèse, les premiers habitants de la Terre avaient un mode de vie végétarien. Il est vrai qu'avant l'arrivée des australopithèques, munis de dents, les hommes ne pouvaient se nourrir que de feuilles, de fruits et de tubercules avant de pouvoir capturer quelques insectes ou petits animaux. La chasse augmente brutalement les apports en protéines et modifie également la morphologie de l'espèce humaine, qui grandit, se redresse et maîtrise dès lors toute la chaîne de la culture et de l'élevage. Ce n'est qu'à l'ère néolithique, il y a environ 10 000 ans, avec la sédentarisation, qu'apparaît, entre autres, la culture du maïs, du riz, de la vigne. Rien ne changera jusque dans les années cinquante, ère alimentaire moderne marquée par la surconsommation et la profusion des biens.
Les premières traces écrites du végétarisme se trouvent dans l'hindouisme, au VIIIe siècle avant notre ère. Aujourd'hui encore, de nombreux Hindous sont végétariens.

L'ANTIQUITÉ

Les études scientifiques effectuées sur des momies à différentes périodes de l'histoire ont montré que l'absence de viande dans l'assiette est restée la norme jusqu'en l'an 600 de notre ère. En Occident, les philosophes grecs et romains ont largement contribué à ce mode alimentaire, étant nombreux à suivre et à recommander un régime végétarien, **principalement au nom de l'éthique.** Parmi eux (cependant sans absolue certitude), se trouvent Pythagore, Socrate, Platon, Horace, Virgile, Ovide, Plutarque, Sénèque, Plotin, Porphyre, Apollonius de Tyane et bien d'autres.

Le premier et très célèbre à briller dans ce domaine fut **Pythagore**. Tout le monde le connaît en tant que mathématicien pour son célèbre théorème, mais Pythagore était ce qu'on pourrait appeler aujourd'hui un « multi-potentiel » (un être doué dans tous les domaines, comme beaucoup de philosophes grecs) et tout le passionnait.

En 530 avant Jésus-Christ, Pythagore fonda une école en Italie où il expliquait la théorie de la transmigration des âmes. Ce qu'on appelle aujourd'hui la réincarnation. Mais, si selon les bouddhistes, notre âme ne peut que « monter en grade » à chaque vie, Pythagore, lui, pensait qu'une âme pouvait migrer d'un corps à l'autre, et pas forcément dans un corps humain.

Pythagore professait l'immortalité de l'âme et s'opposait au sacrifice des animaux. Il est à l'origine de l'idée selon laquelle le meurtre des animaux conduit à celui des humains.

Pour Pythagore, abattre des animaux était un crime, il interdisait à ses élèves la consommation de viande, et même le port de vêtements en laine. Sans le savoir, il était déjà proche du véganisme.

Un siècle plus tard, dans *La République* (un texte sous forme de dialogue, qui développe une conception originale de la vie sociale au sein d'une cité idéale), **Platon** explique que, dans l'idéal, tout le monde devrait être végétarien. Il explique que c'est à cause de la consommation de viande par les humains que la ville devient insalubre. En plus, elle génère vols, pillages et conflits, car les hommes se battent pour s'approprier des pâturages et revendre la marchandise. Elle accroît aussi les inégalités entre eux. Sans parler des maladies transmises par la viande.

Un siècle après la naissance de Jésus-Christ, **Plutarque** reprend la théorie de Pythagore et y ajoute une petite touche sentimentale. Il croit à la transmigration des âmes, mais surtout, pour lui, l'animal est un être vivant, avec un cœur qui bat et une âme.

À la question : « Pour quelle raison Pythagore s'abstenait-il de manger de la chair de bête ? », Plutarque répond par une interrogation qui lui semble bien plus essentielle : « *Quel motif eut celui qui, le premier, consomma de la viande ?* » (Plutarque, *Manger la chair. Traité sur les animaux*). C'est là le point de départ d'une série d'arguments visant à défendre le végétarisme. Voilà les principaux ancêtres idéologiques du végétarisme.

L'EMPIRE ROMAIN ET LES GLADIATEURS

Voilà les premiers vrais carnivores, enfin surtout pour les couches les plus aisées de la société romaine où l'on apprécie la viande et les banquets sacrificiels. On dévore tout ce qu'on peut : agneau, veau, poulet et même les porcs.

(On offrait les meilleures parties aux Dieux et les humains prenaient le reste.) Dans la vie de tous les jours, les Romains plus modestes mangent surtout des céréales, comme l'orge, le blé, le froment et des fruits et légumes. C'est plus facile à exploiter et moins cher. Aux IIe et IIIe siècles, les théories philosophiques des Grecs sont oubliées, et on mange de la viande sans complexe.

En revanche, les célèbres gladiateurs suivent un régime végétarien. On les aurait volontiers imaginés en train de dévorer des vaches entières ou des sangliers, eh bien non… La viande est une denrée chère, recherchée et, à Rome, on la garde pour les jours de fêtes, certainement pas pour les gladiateurs. (Il y a quelques stars dans l'arène, mais les gladiateurs sont principalement des esclaves, des prisonniers de guerre, des délinquants et personne ne leur apporte de belles poulardes sur un plateau.) Dans l'ensemble, leur nourriture est rudimentaire : blé, orge, haricots, avoine, et souvent sous forme de bouillie. Ils consomment également des fruits et légumes et, comme le raconte Pline l'Ancien, boivent de la cendre de plantes pour fortifier leur corps et aider à la cicatrisation des os. Une bonne assiette de haricots accompagnée d'une boisson énergisante à la cendre de plantes (parfaite pour le calcium et le magnésium) et c'est parti pour les combats dans l'arène où ils avaient tout de même, rappelons-le, neuf chances sur dix d'y laisser leur peau…

LE MOYEN ÂGE ET LES CATHARES

Au Moyen Âge, en Occident, on aime chasser et on aime la viande ! C'est le déclin de la culture antique et le végétarisme n'est plus vraiment à la mode en Europe. À l'époque, seuls quelques peuples jugés hérétiques, tels que les Bogomiles et les Cathares, refusent de consommer de la viande.

Le repas des Cathares se compose le plus fréquemment de pain, d'huile, d'épaisses soupes de légumes et de fruits. Ils incluent néanmoins le poisson, mais c'est surtout les jeûnes prolongés qui plaisent à ces ascètes. Les Cathares ne supportent rien des coutumes chrétiennes et refuser de manger de la viande est un signe d'hérésie. Et les hérétiques, c'est sur le bûcher qu'on les aime. Ils sont beaucoup trop intégristes aux yeux de l'Église catholique, qui lance à la fin du XIIIe siècle une inquisition contre eux. La majorité de la communauté cathare finira brûlée.

LA RENAISSANCE ET L'ÉPOQUE CLASSIQUE

À partir du XVIe siècle, le végétarisme revient à la mode. À la Renaissance, alors que la nourriture carnée est vue comme le privilège des classes supérieures, le végétarisme réapparaît comme un concept philosophique fondé sur des considérations éthiques, avec des personnalités telles que Thomas More, Érasme et Léonard de Vinci, par exemple. Ce génie ne cache pas son amour pour la nature et son respect pour les animaux. Jusque dans l'assiette. Léonard de Vinci était, semble-t-il, végétarien.

LE SIÈCLE DES LUMIÈRES ET LES ROMANTIQUES

Deux siècles plus tard, avec la philosophie des Lumières, c'est la mise en pratique de la justice, de la liberté et de la fraternité. Et surtout de l'Humanité. Au XVIIIe siècle, en France, le « régime de Pythagore » jouit d'un regain d'intérêt parmi les naturalistes, les juristes et les écrivains. On entend des discours médicaux et philosophiques en faveur du végétarisme. Ce phénomène s'explique d'abord par un rejet du luxe gastronomique alors en vogue et par le souci d'adopter un régime facilitant, croit-on, la digestion.

Les arguments moraux développent la sensibilisation à la souffrance animale, si bien que certains auteurs considèrent qu'il est moralement injuste de les tuer pour les manger. On vante alors les vertus morales et diététiques du régime de Pythagore et des prêtres de l'Inde. Parmi les auteurs à s'être intéressés au végétarisme et à avoir écrit sur le sujet, on peut citer Voltaire et Rousseau. Le premier y voit une nouvelle arme contre l'Église, le second estime que ce régime correspond à la nature biologique et psychologique des hommes.

Enfin, les romantiques, nombreux à la fin du XVIIIe siècle, s'opposent à la production de masse de viande. Les déchets sont de plus en plus nombreux, le gaspillage également. Les romantiques aspirent à une véritable communion entre l'homme et la nature, et ailleurs que dans l'assiette si possible. Alors, ils créent des jardins dans les grandes villes et démontrent l'existence de nombreux substituts à la viande. Un mouvement végétarien actif commence à se mettre en place.

LES XIXᵉ ET XXᵉ SIÈCLES : LES PREMIÈRES ASSOCIATIONS

La première association végétarienne est anglaise. Elle apparaît en 1847, fondée par des chrétiens évangélistes. Elle se nomme la Vegetarian Society et l'on peut dire que c'est à ce moment-là qu'apparaît le terme « végétarien ». Jusque-là, on parlait de « diète végétale » ou de « régime de Pythagore ». D'ailleurs, les végétariens du XIXᵉ siècle sont en fait les végétaliens d'aujourd'hui : ni viande, ni produit animal. La Vegetarian Society (devenue Vegetarian Society of the United Kingdom) était plutôt végétalienne. Par la suite, pour instaurer la différence, une nouvelle association se crée en 1944 à Leicester : la Vegan Society, et c'est là que l'on voit apparaître le mot *vegan* tiré du terme *vegetarian* (voir l'encadré, page 12).

De nos jours, l'accent est mis sur la protection des animaux, reprenant ainsi la philosophie de Plutarque. On ne peut pas tuer des êtres vivants (en les faisant souffrir ou non) pour s'alimenter, alors qu'il existe de nombreux substituts à la chair animale.

Voici le récapitulatif de l'ensemble des arguments que j'ai pu lire et qui me semblent présenter des critères raisonnables, sans prendre position personnellement.

> Le site dont je me suis souvent servi, pour contrôler les arguments des végétariens, est **Vegplanete.com** que j'ai trouvé agréable à lire.

« Mettez un enfant de deux ans dans un jardin avec une pomme et un lapin. S' il mange le lapin et joue avec la pomme, je vous achète une voiture neuve ! »

Harvey Diamond, auteur et spécialiste en nutrition et santé

ÊTRE VÉGÉTARIEN EN 2017

« Nul besoin de se priver : il s'agit seulement de mieux comprendre comment manger de la façon la plus saine, la plus agréable, la plus nourrissante d'une part, et la plus économique, la plus généreuse, la moins polluante d'autre part. [...] La vie dans son ensemble en bénéficierait : vous, le genre humain, les animaux, les forêts, les rivières, le sol, les océans, et l'atmosphère terrestre. »

John Robbins, auteur américain spécialiste de nutrition et d'environnement

POLITIQUE

L'élevage intensif et la pêche, non moins intensive, ont aujourd'hui des conséquences dramatiques pour les humains, les animaux et l'environnement.
Des solutions existent mais vont à l'encontre d'intérêts économiques. L'exploitation animale rapporte des millions et aucun homme politique n'ose affronter ces empires financiers. Face à l'inertie des pouvoirs publics, des citoyens, des personnalités et des organisations se mobilisent. Ils demandent des mesures énergiques pour faire baisser la production et la consommation de produits d'origine animale.

ÉCONOMIE

L'argument est de **lutter contre la production de viande en masse**. Avec 1,4 milliard de vaches, notre planète croule en effet sous le bétail : le poids cumulé de tous ces ruminants est supérieur à celui de l'ensemble de la population humaine avec ses 7 milliards d'habitants ! Et c'est de pire en pire. La production de viande a été multipliée par cinq depuis les années cinquante, pour passer à 265 millions de tonnes, et devrait encore doubler dans les vingt années à venir. De quoi affoler les experts en alimentation, qui se demandent bien comment la Terre pourra nourrir les 3 milliards d'humains supplémentaires de ces prochaines décennies.

ÉCOLOGIE

L'élevage entraîne une déforestation, principalement en Amérique du Sud où les forêts sont rasées pour être transformées en cultures destinées uniquement à nourrir le bétail.

L'élevage de bovins est la principale cause de la déforestation de la forêt amazonienne. En 2009, Greenpeace présentait ainsi un rapport aussi détaillé qu'alarmant : 80 % de cette jungle a été rasée pour servir de pâture au bétail (ou pour cultiver les céréales qui serviront à les nourrir). Cela représente 14 % de la déforestation de la planète. De leur côté, les Nations unies estiment que plus de 40 % des forêts tropicales en Amérique centrale ont été brûlées ou rasées. Cette déforestation a donc un énorme impact sur notre monde.

La démonstration qu'utilisent les adeptes du végétarisme contient de nombreux chiffres :

Alors qu'un hectare de forêt tropicale est capable d'absorber une tonne de CO_2 par an, les hommes détruisent cette même forêt pour y installer des bovins qui relâchent d'énormes quantités de CO_2 (plusieurs milliards de tonnes métriques chaque année). Les dommages environnementaux sont également très graves : dégradation des terres, inondations, glissements de terrain, érosion…, c'est toute la structure des sols qui est détruite.

En Europe, produire 1 kg de bœuf nécessite 20 kg de céréales, 20 000 litres d'eau et l'équivalent en énergie de plus d'1 litre de pétrole. (À titre de comparaison, produire 1 kg de céréales requiert en moyenne 1 500 litres d'eau, et 1 kg de légumes secs 1 000 litres d'eau.)

De plus, un bœuf offre douze fois moins de repas que les céréales qu'il aura consommées. Il est aussi très clair que les protéines utilisées pour nourrir les animaux d'élevage pourraient servir à nourrir les populations victimes de famine.

De plus, 18 % de l'effet de serre serait dû à l'exploitation animale.

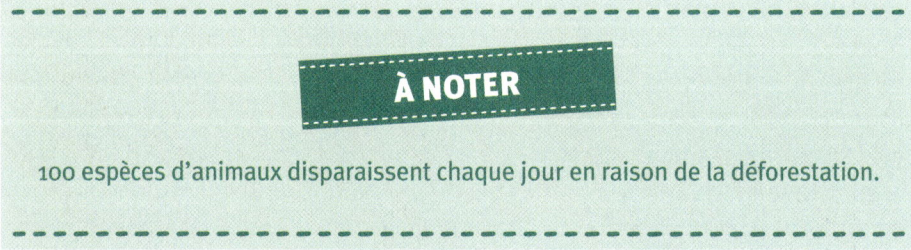

À NOTER

100 espèces d'animaux disparaissent chaque jour en raison de la déforestation.

ÉTHIQUE

Parce que l'élevage industriel, c'est aussi des porcelets castrés à vif, des milliers de poules qui s'entassent les unes sur les autres sans jamais voir la lumière du jour, des lapins coincés dans des cages minuscules qui finissent par tuer leurs petits en les écrasant, des cochons qui vivent dans leurs déjections sans pouvoir bouger, à cause de l'exploitation industrielle, ce sont des millions d'animaux « doués de sensibilité » qui sont torturés chaque jour. Or les animaux sont des êtres vivants. Ils ressentent la douleur et ont une conscience perceptive. Ils ont une volonté de rester en vie. À l'instar de l'homme, tous les mammifères ont un système nerveux et hormonal suffisamment complexe pour ressentir la douleur et le stress.

Pour les végétariens, le végétarisme est un humanisme, l'unique option sérieuse pour sauver la planète des catastrophes écologiques actuelles. Il est la seule philosophie pouvant prétendre respecter tous les vivants, y compris les vivants non humains que sont les animaux.

« *Si les abattoirs avaient des vitres, tout le monde deviendrait végétarien.* »

Paul McCartney, membre de l'association PETA (Pour une Éthique dans le Traitement des Animaux).

ÉNERGIE

« Bien souvent, quand on évoque l'effet de serre, ce n'est pas le steak qui vient d'abord à l'esprit, et pourtant… Le voyage que parcourt un morceau de viande pour arriver dans l'assiette consomme des quantités énormes d'énergie fossile. Le cycle débute avec la culture de céréales pour nourrir les animaux, culture qui utilise beaucoup de produits à base de pétrole. Il faut ensuite acheminer le fourrage vers les élevages, transporter le bétail à l'abattoir (parfois sur des milliers de kilomètres) ; à l'abattoir on procède à la transformation ; vient ensuite la chaîne du froid, jusqu'à la distribution. Cela revient à un rejet important de gaz à effet de serre, auxquels il faut ajouter le méthane émis par les ruminants. Bref, le kilo de viande de veau équivaut à un trajet automobile de 220 kilomètres ! l'agneau de lait : 180 kilomètres ! » (*Le Point*, « Élevages : une catastrophe écologique », 22 juin 2006)

Toujours selon les végétariens : « On estime qu'un végétarien consomme en moyenne 180 kg de céréales par an, alors qu'un consommateur de viande en gaspille 930 kg par an » (Doan Bui, *Le Nouvel Observateur*).

L'EAU

D'après l'Organisation mondiale de la santé (OMS), 2,4 milliards de personnes n'ont pas accès à l'eau potable, soit un tiers de la population mondiale. Mais à côté de ça, 70 % de nos ressources en eau potable sont utilisées par le secteur agricole, et la majeure partie pour l'élevage. Ainsi, environ 5 000 litres d'eau sont requis pour produire 1 000 kcal d'aliments d'origine animale, tandis que 1 000 litres d'eau sont nécessaires si l'aliment est d'origine végétale. En devenant végétarien, on économise donc des milliers de litres d'eau par jour (et imaginez si vous choisissez de devenir végétalien !).

Qui plus est, l'élevage ne gaspille pas seulement l'eau, il la pollue aussi. Par exemple, la pisciculture (élevage de poissons en eau douce) contribue énormément à la pollution de l'eau à cause des antibiotiques, des hormones et des déchets animaux.

Enfin, près de 80 % des émissions d'ammoniac proviennent de l'élevage. Celui-ci se dissout dans les précipitations, ce qui provoque des pluies acides, pluies qui vont détruire les éléments nutritifs du sol. À noter que la France est le premier pays émetteur en Europe, avec 97 % d'émissions d'ammoniac d'origine agricole.

SANTÉ

Le plus absurde est que toute cette viande est en priorité destinée à la petite minorité des riches de ce monde. Notre consommation de viande est passée de 30 kg par personne et par an en 1919 à plus de 100 kg aujourd'hui. C'est trois fois plus que la quantité préconisée par les organismes de santé. Les végétariens le disent et le répètent : « C'est la viande du riche qui affame le pauvre. » Devenir végétarien pourrait être une bonne solution pour repousser la famine. Comme on l'a vu, plus de la moitié des cultures céréalières servent à nourrir le bétail, quand on pourrait nourrir les hommes. Au moins 80 % des cultures mondiales de soja et plus de 50 % des cultures de maïs se retrouvent dans l'assiette des animaux d'élevage. Pour vous faire une idée : **si la population mondiale devenait végétarienne, la Terre pourrait nourrir 15 milliards de personnes** (nous sommes aujourd'hui 7 milliards).

Non seulement, le régime carnivore affame une partie de la planète, mais en plus, de l'autre côté, à haute dose, il tue ceux qui le pratiquent : accidents cardio-vasculaires, diabète, obésité, cholestérol, hypertension, ostéoporose, cancer de l'intestin, du pancréas...

Un végétarien coûte 25 % moins cher à la société en soins médicaux. Un végétalien encore moins.
Tels sont les arguments les plus fréquents qui incitent au végétarisme.

Même si être végétarien, c'est aussi faire face à de nombreux préjugés et résistances, on estime à 2 millions en France le nombre de végétariens. Ce nombre est en pleine expansion malgré les moqueries et railleries subies depuis des décennies.

« *L'effet physique qu'exercerait un monde de vie végétarien sur le tempérament humain aurait une influence extrêmement positive sur l'humanité.* »

Albert Einstein

POUR RÉSUMER

Si l'on arrête de consommer des produits d'origine animale :
- on réduit la destruction des forêts tropicales de 70 % ;
- on sauve des millions de vies qui crient famine ;
- on résout une grande partie du réchauffement climatique ;
- on évite certaines guerres ;
- on sauve la planète de la plupart des catastrophes naturelles ;
- on évite la naissance et la propagation d'épidémies ;
- on résout les problèmes de pénuries d'eau ;
- on met fin à la pollution des nappes phréatiques, des rivières et des océans ;
- on met fin à l'extinction de milliers d'espèces animales sauvages ;
- on met fin à l'acidification des océans qui tue le corail et la vie marine…

PEUT-ON ÊTRE VÉGÉTARIEN À TOUT ÂGE ?

Oui, on peut être végétarien à tout âge. Des populations entières vivent sans manger de viande depuis des millénaires.

Si vous souhaitez mettre votre enfant au vert, il faut veiller à ce qu'il ne souffre pas de carences, mais à l'heure de la diversification alimentaire, cela peut se faire aisément. Les protéines, les matières grasses, les vitamines B12 et D, le calcium et le fer doivent figurer en bonne place dans les menus. Ainsi, le lait est essentiel pour ses apports en protéines chez les plus jeunes. Les céréales et les légumes secs sont à privilégier également. En ce qui concerne le soja, l'Agence française de sécurité sanitaire des aliments (Afssa) recommande de limiter les apports en phytœstrogènes (composés similaires aux œstrogènes féminins) lors de la grossesse, et d'éviter d'en donner trop aux bébés et enfants (notamment les préparations à base de « lait » de soja). Dans tous les cas, il faut équilibrer les menus de bébé et éventuellement prendre des compléments alimentaires.

À NOTER

LE RÉGIME VÉGAN EST À ÉVITER CHEZ L'ENFANT

Attention néanmoins, si le régime végétarien est possible chez l'enfant et l'ado, ce n'est pas le cas d'autres modes alimentaires plus stricts. Ainsi, le régime macrobiotique, régime végétarien composé avant tout de céréales, de légumes et de fruits, est déconseillé en raison des carences qu'il peut provoquer. De même, le régime végétalien ou végan est déconseillé pour la petite enfance car incompatible avec la croissance. En effet, exclure tout produit d'origine animale, œuf, lait, beurre, fromage, peut exposer l'enfant à des carences en fer et vitamine B12. Il risque également de manquer de calcium et de protéines de bonne qualité. L'effet de ces carences étant de retarder la croissance physique de l'enfant mais également son développement cérébral.

POUR LES ADOS

Si votre ado déclare qu'il ne désire plus manger de viande, vous pouvez l'accompagner en adaptant ses menus.

Une règle simple peut vous aider, **il lui faut consommer chaque jour les aliments suivants :**

✔ des légumes secs (haricots secs, pois chiches, lentilles) ;

✔ des céréales (pain, riz pâtes) ;

✔ des œufs ;

✔ 3 ou 4 produits laitiers (essentiel, car il constitue à cet âge son capital osseux) ;

✔ au moins 5 fruits et légumes ;

✔ des matières grasses comme le beurre ou les huiles ;

✔ du chocolat noir, particulièrement intéressant en raison de la nature des graisses plutôt bonnes et d'un fort taux de fer.

N'hésitez pas à tester des associations d'aliments qui permettent d'assurer une complémentation en protéines et d'éviter les carences en certains acides aminés, comme un féculent céréalier et une légumineuse : semoule/pois chiches (couscous végétarien) ; maïs/haricots rouges ; riz/lentilles. Mais également un féculent céréalier et un produit laitier : pâtes et fromage par exemple.

À NOTER

Pour les adolescentes réglées, le régime végétarien peut provoquer une carence en fer (anémie) liée aux pertes durant les règles.

POUR LES SENIORS

Le régime végétarien est très bon pour les seniors. On le sait : **manger végétarien, c'est aussi ingérer moins de graisses saturées et beaucoup plus de fibres, de vitamines, de minéraux et autres éléments antioxydants.** C'est pourquoi, comme on l'a vu, les végétariens sont moins touchés par les maladies dites « de civilisation » : obésité, constipation, cancer du côlon, hypertension, hypercholestérolémie...

Cependant, le régime végétarien chez les personnes âgées n'est acceptable qu'à condition d'avoir une alimentation suffisante et bien équilibrée, avec :
- ✔ des œufs (pas plus de 4 par semaine) ;
- ✔ des produits laitiers (3 à 4 par jour) ;
- ✔ des fruits et légumes (au moins 5 par jour) ;
- ✔ des produits céréaliers (pain, pâtes, riz, semoule, céréales...) ;
- ✔ des légumes secs (haricots en grains, pois chiches, flageolets, lentilles...) ;
- ✔ des matières grasses, en privilégiant celles qui sont riches en acides gras insaturés comme l'huile d'olive mais également les huiles combinées que l'on retrouve en grande surface, ou encore les huiles de noix, noisette, sésame ou de colza.

LES JUS VÉGÉTAUX

À noter qu'il existe aujourd'hui des jus végétaux pour ceux qui ne veulent plus de lait d'origine animale, dont l'enrichissement en calcium peut se comparer au lait, mais qui n'ont pas du tout les mêmes propriétés, notamment en termes de quantité, de composition des protéines et de matière grasse. Sans compter qu'ils n'apportent aucune vitamine. Une législation assez récente interdit désormais le terme de « lait », sauf pour les aliments « historiques », comme l'amande ou la noix de coco.

Ces boissons non laitières sans lactose contiennent une petite quantité de protéines végétales, sont pauvres en lipides et en calcium et sans cholestérol. Pour les enrichir en calcium, on rajoute des algues qui en sont riches, comme le kombu.

Les jus de fruits oléagineux sont des boissons à base d'amandes, de noisettes, de noix de cajou, de noix de coco... qui sont obtenus à partir du même procédé de trempage et de filtration que le jus végétal de soja, par exemple. Ils sont sans gluten et plus digestes que les autres laits végétaux, même pour les enfants et les personnes âgées. Mais insistons sur le fait qu'on peut les considérer comme des boissons, parfois très agréables, mais en rien comparables au lait.

POUR OU CONTRE LE VÉGÉTARISME

On l'a vu, le nombre de bienfaits du végétarisme est considérable pour l'homme comme pour son environnement.

Pourtant, très souvent encore, les végétariens entendent les mêmes questions :

✔ « Mais t'as pas de carences ? »

✔ « Et les protéines ? Comment tu fais ? Celles de la viande et de la volaille sont quand même les meilleures, non ? »

✔ « Tu n'as pas les muscles qui fondent ? T'es sûr ? »

✔ « T'as jamais faim ? Parce que, moi, sans mon steak... J'ai l'impression de ne même pas avoir mangé... »

✔ « Mais tu manges quoi, en fait ? Juste des fruits et légumes ? Ça doit être long comme un jour sans pain, ta vie, non ? Aussi barbant qu'une soupe à l'ortie... »

✔ « T'es pas trop fatigué ? Tu ne fais pas d'anémie ? »

Les végétariens entendent constamment ce genre de réflexions, aussi bien dans la rue que sur les réseaux sociaux. On va répondre clairement à ces questions.

Un régime végétarien, quand il est équilibré, ne souffre pas de carences. (Contrairement aux sottises que je lis sur mon compte sur les fameux réseaux sociaux, je n'ai jamais changé d'opinion.) C'est d'autant plus vrai si vous avez conservé dans votre alimentation les produits laitiers et les œufs. Pour cela, il faut quelques connaissances.

Oui, la vitamine B12, le zinc et le fer se trouvent dans la viande et les volailles, mais on les trouve ailleurs sans problème. On va le voir.

Oui, la viande, les volailles et les poissons sont des protéines. On les appelle protéines d'origine animale.

Où sont les protéines végétales ? Comment les trouver ? Ont-elles les mêmes bienfaits que celles des viandes, volailles et poissons ? Nous allons le voir.

QU'EST-CE QU'UNE PROTÉINE ?

L'importance des protéines est inscrite dans leur nom : en grec ancien *prôtos* signifie « premier, essentiel ». En effet, les protéines assurent la plupart des fonctions cellulaires.

À QUOI SERVENT LES PROTÉINES ?

Seule source d'azote du corps humain, les protéines sont indispensables à la vie. Une protéine est constituée en général de plus de 50 acides aminés liés entre eux. Il existe 20 acides aminés différents, dont 8 essentiels. Ceux-ci ne sont pas fabriqués par l'organisme, et c'est donc par notre alimentation que nous devons les lui apporter.

Cette classification reste tout de même assez relative, car dans certaines situations, des acides aminés dits « non essentiels » peuvent le devenir, notamment en cas d'infection, nécessitant une augmentation de leur consommation par le biais de l'alimentation.

Les protéines servent à construire et renouveler la peau, les os, les muscles, les cheveux et les ongles. C'est aussi grâce à elles que notre corps peut se défendre contre les virus et les bactéries. Nécessaires à de nombreuses fonctions biologiques, elles entretiennent tout simplement notre organisme.

Un manque de protéines se traduit donc, entre autres, par une grande fatigue, des problèmes de concentration et la diminution des défenses naturelles. Et sans protéines, impossible de fabriquer le sang, la peau, et même les organes nobles tels que le cœur ou le foie. Selon le degré de carences, les dangers peuvent être conséquents.

LES APPORTS RECOMMANDÉS

Les protéines fournissent 4 kcal par gramme d'énergie à l'organisme. Les nutritionnistes recommandent, pour un adulte, d'en consommer **entre 0,9 et 1,2 g par kilo de poids corporel par jour** (par exemple : 54 à 72 g de protéines pour une personne de 60 kilos). Les apports sont augmentés chez les sportifs, les enfants et les adolescents. On les diminue particulièrement en cas d'insuffisance rénale ou hépatique.

Dans le cadre d'un régime équilibré, les protéines doivent représenter environ 15 % des apports nutritionnels journaliers (50-55 % de glucides, 30-35 % de lipides).

OÙ SE TROUVENT LES PROTÉINES VÉGÉTALES ?

À la fois dans les végétaux, dans les légumes secs et dans les céréales. Pour avoir des apports suffisants, l'idéal est de faire des combinaisons. Celle qui fonctionne le mieux consiste à **associer les céréales et les légumes secs**. Ainsi, on arrive quasiment à égaler la quantité recommandée de protéines animales.

○ Céréales + légumes secs

Les céréales sont des plantes cultivées pour leurs grains (graminées), qui servent à la nourriture de l'homme et des animaux domestiques.

✔ **Avoine** (sous forme de flocons, gruaux). Il contient une quantité non négligeable de protéines (11 %) et est riche en fibres (7 g/100 g), solubles et insolubles, aux effets bénéfiques sur le système digestif. De plus, les bêta-glucanes qu'il contient ralentissent l'absorption du glucose et des graisses.

✔ **Blé** (précuit ou sous forme de farine, semoule, pâtes, boulgour, pain). On privilégie les produit complets, plus riches en fibres, mais également en vitamines E et du groupe B, en magnésium, potassium et fer.

✔ **Maïs** (grains, farine, polenta, etc.). Le maïs, très riche en glucides complexes (79 %), présente des teneurs intéressantes en magnésium, zinc, potassium et fer, ainsi qu'en vitamines du groupe B : B1 (thiamine), B6 (pyridoxine) et B9 (acide folique).

✔ **Millet** (grains, farine, flocons). Le millet est riche en protéines (13 à 15 %) de qualité supérieure à celle des autres céréales (blé, riz, maïs) car moins déficiente en lysine (acide aminé essentiel). Il constitue aussi une source intéressante de magnésium (40 mg/100 g), phosphore (93 mg/100 g), vitamine B2 et vitamine B6.

✔ **Orge** (grains, flocons). C'est un fortifiant du système nerveux, riche en vitamine E).

✔ **Riz long ou riz rond**. Il apporte une grande quantité de glucides, essentiellement sous forme d'amidon (78 g/100 g). Les grains d'amidon sont de très petite taille et seront donc très facilement digérés.

✔ **Sarrasin**. Les protéines du sarrasin contiennent tous les acides aminés essentiels et possèdent ainsi une haute valeur biologique. Il est également source de calcium et d'antioxydants.

✔ **Seigle**. Il se distingue des autres pains par ses apports en fer, potassium, calcium et fluor et apporte des quantités intéressantes de vitamines du groupe B, notamment la vitamine B9.

Nous mettons à part, puisqu'il s'agit de graines de plantes non graminées :

✔ **Quinoa** (grains). Il est très nutritif, léger et contient tous les acides aminés essentiels).

✔ **Amarante** (grains). Sa répartition optimale en acides aminés en fait une protéine végétale de haute qualité.

Les légumes secs sont des graines issues exclusivement de plantes de la famille des Fabacées. On les appelle aussi **légumineuses**. Ce sont des aliments riches en glucides : environ 60 %, essentiellement de l'amidon, et en protéines, environ 20 %.

C'est parce qu'ils sont un peu déficients en certains acides aminés, mais plus riches en d'autres, qu'on les associe volontiers aux céréales, pour une complémentation protidique, en particulier dans les régimes végétariens. Les légumes secs sont très intéressants aussi pour leurs apports en fibres et éléments minéraux, notamment le fer et le calcium (c'est-à-dire les minéraux qui, selon les carnivores, manquent aux végétariens).

Les légumes secs sont :

✔ les pois chiches ;

✔ les pois cassés ;

✔ les flageolets ;

✔ les haricots secs : rouges, blancs, noirs ;

✔ les lentilles ;

✔ les fèves sèches.

Nous pouvons aussi citer le **seitan**, un peu à part, car il s'agit de la variante du tofu, mais à base de blé ou d'épeautre.

LE SAVIEZ-VOUS ?

Les pois chiches sont des aliments très bons pour le développement général du corps, ils renforcent le système immunitaire, cicatrisent des blessures et métabolisent les protéines. Les pois chiches aident à combattre la fatigue et les acides aminés qu'ils contiennent favorisent la synthèse de la protéine de transport de la vitamine A vers la rétine.

Ceci dit, cette combinaison céréales + légumineuses n'est pas obligatoire. Par exemple, vous pouvez manger des céréales le matin et un plat de haricots rouges le soir ; vous aurez ainsi un apport de protéines qui se rapproche de celui dû à une consommation de viande.

Voici quelques exemples de combinaisons judicieuses :
Il est intéressant d'associer :
- ✔ haricots rouges et maïs ;
- ✔ riz et lentilles ;
- ✔ blé et pois chiches ;
- ✔ fèves et blé ;
- ✔ haricots secs et pâtes.

Ainsi, un plat préparé respectant cette association, ou de quinoa ou amarante seuls, est un plat complet où l'on peut se passer de protéines de chair animale, surtout si l'on continue à consommer des œufs et des produits laitiers. Et la satiété procurée par la viande est largement égalée.

○ **Produits à base de soja**
Si l'on trouve des protéines végétales dans les graines germées, on en trouve aussi dans les produits à base de soja, très fréquemment utilisé en raison de sa forte teneur en protéines. Ce sont :
- ✔ **le tempeh** (il s'agit d'une pâte fabriquée à partir de graines de soja jaune immatures dépelliculées) ;
- ✔ **le tofu** (aliment issu d'un caillage à partir du jus de soja, probablement le plus connu et se prêtant à beaucoup de recettes).

MINÉRAUX ET VITAMINES ESSENTIELS

Du côté des minéraux et vitamines essentiels, si on a vu que le calcium se trouve dans les légumes secs, sachez qu'on en trouve aussi dans certains légumes, comme les épinards, et certains fruits, comme les oranges et les kiwis.

LA FAMEUSE VITAMINE B12

C'est celle qu'on trouve essentiellement dans la viande, les volailles, les abats et les crustacés. Pour les végétariens, elle se trouve aussi dans les produits laitiers et les œufs.

Pour les végétaliens et les végans, il est impératif de prendre des compléments alimentaires à base de vitamines B12.

Cette vitamine, essentielle au bon fonctionnement cérébral, sera présente également dans les boissons au soja et les steaks de protéines végétales enrichis de vitamine B12. Certaines levures nutritives se développent dans un milieu riche de B12 et conviennent aux végétariens.

Il est important d'avoir des acides gras essentiels. Pour cela, il vous suffit de consommer 2 cuillerées à soupe par jour d'huile végétale, en les variant si possible :

✔huile de colza, huile de noix, huile de germe de blé ;

✔huile d'olive, ou tournesol ou huile combinée.

LE CONTENU EN PROTÉINES DES ALIMENTS

Protéines végétales (en g pour 100 g)

Source : table Ciqual, 2013

Spiruline	63
Levure alimentaire	48
Germes de blé	29,70
Cacahuète	29,60
Pistache	29,40
Beurre de cacahuètes	28,70
Amande, poudre d'amandes	25,40
Lentille corail, verte (sec)	24,90
Pois cassé (sec)	24,60
Graine de tournesol	23,80
Noix de cajou	23,30
Haricot rouge (sec)	22,10
Haricot blanc et noir (sec)	21
Graine de sésame	20,90
Cacao en poudre non sucré	19,80
Noisette	19,30

Tempeh	18,60
Noix	17,30
Steak de soja	16,50
Noix du Brésil	16,10
Pignon de pin	16,10
Gressin	15,90
Croûton	15,10
Quinoa sec	14
Amarante	13,60
Seitan	13,30
Sarrasin	13,20
Pop-corn	12,90
Farine de blé tendre	12,80
Pâte au blé complet crue	12,70
Biscotte, pain grillé	11,90
Pois chiche (sec)	11,50
Tofu	11,50
Flocons d'avoine	11
Noix de pécan	11
Edamame	11
Pain grillé suédois au blé complet	10,30
Pain complet	9
Gingembre	8,90
Pain baguette	8
Petit pois, fève	5
Tofu soyeux	5,40
Dessert soja	4,60
Alfalfa germé	4
Wakamé	4
Figue séchée	3,40
Champignon de Paris, épinards, artichaut	3
Datte, pruneau	2,50

Protéines animales (en g pour 100 g)

Pour information, les teneurs des protéines animales consommées par les flexitariens et des poissons pour les pesco-végétariens.

Source : table Ciqual, 2013

Gélatine alimentaire	87,60
Parmesan	38,60
Viande des Grisons	37,40
Lait en poudre écrémé	35
Chevreuil, faisan rôti	32,60
Emmental	32,60
Gésier de canard confit	32,40
Bœuf braisé	32,10
Edam	31,90
Viande de veau cuite	31
Confit de canard	30,70
Épaule d'agneau rôtie	30,50
Lapin, lièvre	30,40
Thon cuit	30 (moyenne entre thon frais et conserve et selon le mode de cuisson)
Volaille cuite	28,80 (moyenne selon mode de cuisson)
Porc : épaule, rouelle, échine, filet maigre	28,70
Sanglier rôti	28,30
Viande de cheval rôtie	28,10
Lait en poudre demi-écrémé et entier	28,50
Sardine	28
Foie de génisse cuit	27,40
Bœuf grillé : steak, steak haché, flanchet, rognon	27,40
Magret de canard cuit à la poêle	26,70
Jambon sec découenné et dégraissé	26,60
Saucisson sec, rosette	26,50
Filets d'anchois à l'huile (conserve)	26,40
Foie d'agneau cuit	26,40
Langouste cuite à l'eau	26,40
Côte de porc grillée	25,90
Rognons (bœuf, porc, agneau)	25,80

Côtelette d'agneau grillée	25,70
Caille, pigeon cuit	25,10
Caviar (conserve)	25
Mulet, perche, roussette cuit au four	24,80
Fromage des Pyrénées au lait de brebis	24
Jambon fumé, coppa, bacon	24
Fromage à pâte molle (aliment moyen)	23,70
Gigot d'agneau rôti	23,80
Anguille, bar, maquereau cuit au four	23,60
Coquille Saint-Jacques cuite	23,20
Raie, rouget-barbet de roche, lieu noir, merlan cuit	23,20
Andouillette et andouille	23
Espadon, truite, lotte, saumon, turbot	22,80
Langue de bœuf cuite	22,60
Homard cuit à l'eau	22,10
Entrecôte de bœuf grillée	22
Saumon fumé	21,80
Jambon de volaille, pancetta, chorizo, jambon cuit, jambonneau	21
Brochet, cabillaud, crevette, merlu, sole, limande-sole, carpe	21
Bulot cuit	20,50
Lapin viande cuite	20,50
Crabe cuit à l'eau	19,30 (en conserve : 18,10)
Œufs de lompe (conserve)	19,20
Filets de maquereau (conserve)	16,60
Seiche, calamar, bigorneau, écrevisse, moule	16,50
Escargot	16
Boudin noir	14,80
Cancoillotte	14,70
Œuf	12,30
Fromage blanc battu au lait demi-écrémé nature	10,10

LE FER

L'important pour les végétariens qui ne consomment pas de viande, c'est le fer. Le fer est indispensable pour le transport de l'oxygène dans les cellules. On en trouve dans les légumes secs, les céréales complètes, les algues, herbes et épices, mais attention : **le fer contenu dans les végétaux est un fer non héminique**, puisqu'il n'est pas lié à l'hème comme c'est le cas dans le sang des animaux. Ce fer non héminique est **moins bien absorbé par l'organisme que le fer héminique qu'on trouve dans les viandes, volailles et abats**. Pour en maximiser l'absorption, consommez de la vitamine C au cours du même repas, sous la forme de persil, tomate, poivron, brocoli ou d'un fruit en fin de repas. **L'absorption du fer contenu dans les légumineuses sera ainsi facilitée. Il s'agit également d'éviter les aliments qui capturent le fer, comme le thé. Ce dernier est à boire plutôt entre les repas.**

Les végétariens soutiennent que le fer contenu dans un même repas végétal est mieux absorbé par leur organisme que celui des omnivores (sans argumentaire scientifique toutefois). Quoi qu'il en soit, **l'organisme humain est parfaitement capable de s'adapter et le fer d'origine végétale suffit amplement à ses besoins**. Cette adaptation se réalise plus ou moins rapidement : dans certains cas, plutôt rares, on peut observer une baisse temporaire du taux de fer lors du changement de régime alimentaire.

Il convient de noter que les produits laitiers ont une teneur en fer négligeable, contrairement au jaune de l'œuf, et ne peuvent pas être considérés comme source complémentaire significative.

Les végans, quant à eux, soutiennent qu'un régime végétalien, plus riche en aliments au fort taux de fer (légumineuses, oléagineuses, céréales) est préférable à un régime végétarien, dans lequel leur place est partiellement prise par des sous-produits animaux ne contenant quasiment pas de fer. Cette théorie n'est toutefois pas pleinement soutenue par les médecins.

Une chose est sûre : lorsque le fer parvient jusqu'aux cellules qui l'utilisent, son efficacité est exactement la même qu'il provienne d'un plat de lentilles ou d'un morceau de bœuf.

LE CONTENU EN FER DES ALIMENTS

Fer non héminique (en mg pour 100 g)

Pour information, les teneurs en fer des aliments consommées par les flexitariens et les pesco-végétariens.

Algue nori séchée ou déshydratée	234
Thym, menthe, basilic	100
Wakamé	61,5
Chocolat noir	22,8
Spiruline	28,5
Gingembre	19,8
Graine de soja	5,7
Pain multicéréales grillé	9,1
Tomates séchées	9
Lentilles sèches	9,4
Son de blé, graines de sésame	4,8
Poudre cacaotée	13
Graines de lin	10,2
Céréales petit déjeuner enrichies	10
Haricots blancs	8
Graines de chia, amarante	7,7
Jaune d'œuf	7,5
Germes de blé	6,9
Fèves sèches, haricots rouges	6,7
Noix de macadamia, noisettes, pignons de pin	4
Épinards crus, pissenlit	3,4
Cœurs de palmier	3
Tamarin	2,8
Amandes, noix, noix de pécan, noix du brésil	2,7
Oseille, bettes, cresson	2,2
Noix de coco	2

Fer héminique (en mg pour 100 g)

Foie de canard, d'oie cru	30
Boudin noir	22,8
Foie de porc	16

Moules crues	10
Palourdes, clams, praires, poulpe	9,7
Rognons de bœuf	9,5
Gésiers de canard	9,5
Pâté de foie, foie de poulet	9
Moules cuites	8,5
Bresaola	7
Anchois	6,9
Viande de bœuf	6
Huîtres	6
Rognons de veau	5
Pigeon	5,9
Calamars, encornets	5,6
Bulots	5
Foie gras	5
Cailles	4,5
Viande de cheval	3,8
Jambon cuit	2,7
Escargots	2,6
Cuisse de pintade, langue de bœuf	2,5
Viande de veau, épaule d'agneau	2
Jambon cru	1,4
Poulet, gigot d'agneau	1,2

NI POUR NI CONTRE MAIS UN PEU DES DEUX

De nos jours, une tendance est en nette progression : le flexitarisme. Ce mode alimentaire consiste à manger végétarien à temps partiel.

Consommer de la viande moins souvent est, comme on l'a vu, bénéfique pour la planète, l'élevage étant un gros consommateur d'eau et grand pourvoyeur de gaz à effet de serre. D'un point de vue nutritionnel, faire une plus large place aux protéines végétales permet de consommer moins de graisses saturées (dont l'excès favorise l'augmentation du taux sanguin de mauvais cholestérol), lesquelles sont associées aux protéines animales contenues dans les viandes, charcuteries et fromages.

On peut donc, par exemple, une fois par semaine, remplacer la viande ou le poisson par des légumes secs, dont la qualité des protéines sera optimisée par l'association à des céréales (chaque type de protéines compensant les faiblesses de l'autre du point de vue des acides aminés indispensables) : lentilles et riz, pois chiches et semoule (couscous), haricots blancs et pâtes (minestrone).

Le tofu, « fromage de soja », ou les steaks végétaux peuvent aussi se substituer à la viande de temps à autre, à condition de ne pas consommer plus de deux produits à base de soja (jus, « yaourts », tofu, tempeh...) par jour, en raison de leur apport en phytœstrogènes, des composés similaires aux œstrogènes féminins.

LES ŒUFS

Il existe plusieurs types d'œufs, même si communément nous ne consommons que des œufs de poule. Les œufs de cane, d'oie, de pintade, de caille... peuvent également être fort appréciés. L'œuf de poule s'achète en fonction de son poids. Désormais, cette distinction se fait plus à l'œil qu'en fonction du calibrage qui allait autrefois de 1 à 7. En moyenne, les plus gros pèsent environ 70 g.

Le blanc de l'œuf est constitué d'albumine, une protéine source d'acides aminés indispensables, tandis que le jaune d'œuf se compose de lipides et de cholestérol, de sels minéraux, de vitamines A, B, d'un peu d'albumine et de lutéines.

La coloration des coquilles n'a aucun rapport avec la valeur nutritionnelle des œufs. Contrairement à une idée reçue, le fait de ne consommer que du blanc d'œuf ne contribue pas à faire augmenter l'albumine dans le sang. En fait, les protéines de l'œuf, essentiellement l'albumine, sont dégradées lors de leur digestion dans l'estomac, puis lors de leur passage au travers du tube digestif, avant de se retrouver dans le sang sous forme d'acides aminés.

Teneur des œufs en kcal, glucides, lipides et protéines

	2 œufs de cane	2 œufs de poule	2 œufs de dinde
Kilocalories	240	160	172
Glucides (en g)	1	0,6	1,7
Lipides (en g)	16	11,5	12,5
Protéines (en g)	14	12,8	13

L'œuf bénéficie d'une double réputation. Celle d'un produit extrêmement sain grâce à la valeur des protéines du blanc, mais aussi celle d'un produit gras à cause de la richesse du jaune en lipides, donc à limiter en cas d'excès de cholestérol sanguin. De plus, notons que l'œuf de poule contient 0,10 mg de vitamine D, 0,34 mg de vitamine A, 0,34 mg de vitamine B2 et 0,36 mg de vitamine B6. Notons que, bien qu'il s'agisse d'un produit animal, le fer contenu dans l'œuf est un fer non héminique.

Dans l'œuf, c'est la cuisson qui est intéressante. Si un œuf coque ne nécessite aucune adjonction de matières grasses, tout comme l'œuf dur, on risque d'en augmenter considérablement la valeur en lipides lors de la préparation d'omelettes ou d'œufs au plat, même si les quantités de graisse sont parfois difficiles à maîtriser.

L'œuf est un des éléments essentiels de la nourriture de l'homme. Si nous le consommons régulièrement sous sa forme naturelle, l'industrie alimentaire l'a largement utilisé à la fois dans les préparations, mais aussi comme liant, la coagulation du blanc d'œuf en faisant un produit extrêmement intéressant pour toutes les compositions.

LE LAIT

Le lait est le premier aliment que découvre tout être humain. Produit hautement symbolique, sa consommation évolue en fonction des cultures et des modes de vie. Ainsi, certains, notamment les Asiatiques, le considèrent comme indigeste à l'âge adulte, alors que les Occidentaux vont continuer à en boire toute leur vie.

Aujourd'hui, nous consommons principalement du lait de vache, mais cela n'a pas toujours été le cas. Si, autrefois, dans les campagnes, le lait frais de vache ou de chèvre était disponible, la situation n'était pas la même dans les villes, où des marchands venaient avec leurs chèvres, qu'ils trayaient à la demande. Paris comptait plusieurs fermes et laiteries de lait de vache pour satisfaire les besoins de sa population. Plus tard, la révolution du froid et les découvertes pasteuriennes bouleversèrent ces vieilles habitudes.

Considéré comme un adoucissant, le lait a toujours été très utilisé en cuisine. De nos jours, on fabrique des pains au lait, des crèmes aux œufs avec du lait, des potages dans lesquels on ajoute du lait pour augmenter la quantité de protéines et apporter de la douceur. De l'autre côté de la Manche, les Anglais font du porridge en mélangeant des céréales et du lait. Même le chocolat s'est laissé influencer, en passant du noir au lait. Quant au café au lait, après avoir fait couler beaucoup d'encre, digestible pour les uns, redoutable pour les autres, il est désormais devenu un classique.

LA CONSERVATION DU LAIT

Parce qu'il « tourne », le lait est un aliment fragile. Cette réaction de caillage spontané est le premier pas vers le fromage. Étant donné les conditions difficiles de conservation dans certains pays chauds, le lait caillé est donc rapidement devenu un produit phare au Moyen-Orient comme dans les Balkans. D'ailleurs, dans nos étals, nous trouvons encore aujourd'hui ces laits caillés au goût subtil.

Comme les bactéries, naturellement contenues dans le lait, provoquent une coagulation des protéines, on a, de tout temps, cherché à le conserver par de multiples moyens. Au départ, on faisait bouillir le lait pour tuer les germes nocifs. Certes, cette méthode empêchait le lait de « tourner » pendant quelques jours, mais l'apparition naturelle d'autres germes annulait rapidement l'opération.

Aujourd'hui, on utilise la pasteurisation qui consiste à chauffer le lait, entre 85 et 90 °C, durant 15 à 20 secondes, afin de détruire les germes lactiques et les éventuels microbes. Néanmoins, une population microbienne inoffensive subsiste. Par ailleurs, il existe un deuxième traitement permettant d'obtenir un lait pasteurisé de haute qualité en le chauffant pendant 15 secondes à une température plus basse, entre 72 et 75 °C, ce qui confère au produit un goût plus proche du lait cru que du lait pasteurisé ordinaire. La pasteurisation ne diminue en rien la valeur du lait. Le temps de conservation au réfrigérateur est de 48 heures ; au-delà, il vaut mieux le faire bouillir pour détruire les germes qui s'y seraient déposés.

LES DIFFÉRENTS LAITS

○ Le lait cru

Le lait cru, que l'on trouve rarement dans nos villes, mais plus souvent à la campagne, n'a pas été traité et les microbes qu'il contient non détruits. Il faut donc le faire bouillir entre 5 et 10 minutes. Dès qu'il est refroidi, il convient de le conserver au réfrigérateur et de le consommer rapidement.

○ Le lait stérilisé UHT

Le procédé de stérilisation par UHT (ultra haute température) consiste à porter le lait à 140/150 °C, pendant 1 à 3 secondes, puis à le refroidir brutalement et à le conditionner dans des récipients stériles. Tous les germes sont alors détruits, mais avant cette opération, le lait est homogénéisé, de façon à ce que les particules de gras soient éclatées en plus fines particules ne remontant pas à la surface. C'est pourquoi une bouteille ou un pack de lait UHT peut se conserver à température ambiante pendant plusieurs mois. En revanche, dès que le pack est ouvert, la conservation au réfrigérateur s'impose. Elle est alors de la même durée que celle du lait frais pasteurisé, soit 48 heures. Lors de cette opération, les qualités nutritionnelles, protéines, glucides, lipides, calcium et vitamine D, sont conservées, mais la vitamine C est en partie détruite. Cependant, l'homogénéisation modifiant le goût du lait, beaucoup d'adultes, habitués au pasteurisé, n'apprécient pas ce type de lait.

○ Le lait concentré

Le lait concentré peut être sucré ou non. Il a une coloration un peu plus foncée que le lait ordinaire et une saveur caramélisée. Le lait concentré non sucré a été privé de 50 à 55 % de son eau, tout en étant stérilisé. Non entamé, il se conserve durant plusieurs mois, mais, une fois ouvert, il doit être consommé rapidement.

Le lait concentré sucré, auquel on a ajouté 40 à 42 % de sucre, est déshydraté à 75 %, ce qui concentre tous les nutriments. Il n'est pas stérilisé, mais le sucre empêche le développement des micro-organismes. Il est donc beaucoup plus gras et plus sucré que son ingrédient de base. Il n'a pas d'intérêt nutritionnel, en dehors de la réalimentation des personnes dénutries ou d'une extrême maigreur, puisqu'il a un apport élevé en protides et en calcium. SI on apprécie particulièrement ce produit, on peut choisir un lait demi-écrémé. Le lait concentré non sucré permet de réaliser de nombreuses recettes salées ou sucrées en remplacement de la crème fraîche, ce qui allège les plats en graisses.

○ Le lait en poudre

C'est un lait déshydraté qui ne contient que 4 % d'eau au maximum. On distingue le lait en poudre entier, qui contient 26 g de matières grasses pour 100 g de poudre, et le lait en poudre demi-écrémé, qui affiche environ 14 g de matières grasses. Il existe également du lait en poudre écrémé. Les micro-organismes ne peuvent se développer en l'absence d'eau, dans un emballage fermé, à l'abri de la lumière et de l'air. Il s'agit souvent d'un lait de dépannage.

○ Les laits enrichis

✔ **En calcium + vitamine D :** un enrichissement en vitamines ou en calcium n'a vraiment d'intérêt que pour des populations particulières, comme les personnes âgées, les enfants et les adolescents. Mais toutes les marques s'y sont mises : Lactel capital calcium®, Viva calcium®, Régilait®, Candia calcium plus®... La différence entre un lait enrichi en calcium et un lait non enrichi est faible, au maximum 24 mg pour 100 g. Or, ces produits coûtent plus cher que le lait demi-écrémé de base. Ils ne peuvent être intéressants que pour compenser une éventuelle carence !

✔ **En fibres :** le lait Jour après jour® de Lactel® est enrichi en fibres et contient les mêmes valeurs nutritionnelles que le lait écrémé ou demi-écrémé. Les fibres solubles vont avoir un effet favorable sur le transit intestinal. Ce lait sera donc conseillé pour les personnes fragiles au niveau digestif. De plus, ce lait est enrichi en vitamines (A, B et D). Il est recommandé pour les seniors.

✔ **En vitamines :** de nombreux laits sont enrichis en vitamines et même en vitamine D. Leur intérêt nutritionnel pour l'ensemble de la population n'est pas prouvé. En revanche, l'apport des laits supplémentés en vitamine D est intéressant pour les enfants, les adolescents, les femmes enceintes et les personnes âgées.

✔ **En minéraux :** Viva magnésium® et Lactel magnésium® sont, comme leur nom l'indique, enrichis en magnésium. Mais le premier est aussi enrichi en zinc, en fer et en vitamines. Ces laits peuvent être intéressants pour ceux qui sont en carence de ces minéraux.

✔ **En protéines :** Viva protéines® est enrichi en protéines laitières et en vitamines. Cependant, sa teneur en protéines n'est pas beaucoup plus élevée que celle d'un lait non enrichi (0,5 g de plus aux 100 g) et moins élevée que celle d'un lait enrichi en calcium.

○ **Les laits modifiés**

✔ **Le lait pauvre en lactose :** Matin léger® de Lactel® contient peu de lactose et il existe désormais sous trois formes, écrémé, demi-écrémé et entier. Les glucides sont composés de galactose et de glucose (deux glucides simples qui forment le lactose lorsqu'ils sont réunis). Il peut donc être conseillé aux personnes qui digèrent mal le lait mais ne peut être consommé en cas d'intolérance au lactose car il en contient encore un peu. Ce lait peut être utile pour les personnes vieillissantes dont la tolérance au lactose diminue et qui souhaitent garder cet aliment riche en calcium.

✔ **Le lait à l'huile :** dans la boisson Primevère®, la matière grasse laitière a été remplacée par des matières grasses provenant d'huiles de colza, de carthame et de poisson. Voici un « lait oméga-3/oméga-6 » avec un apport d'oméga-3 supérieur à 100 % des apports nutritionnels conseillés pour 100 g de produits. C'est un peu beaucoup ! Pour ceux qui ne mangent jamais de poisson pourquoi pas, mais pour les autres, inutile de multiplier les sources d'oméga-3.

✔ **Les laits de croissance :** pour les enfants de 10 mois à 3 ans, il existe des laits de croissance, qui apportent des acides gras essentiels, du fer et du calcium, tout en étant moins riches en protéines que le lait de vache. Ce sont des laits mieux adaptés aux besoins nutritionnels des petits enfants. La composition du lait de croissance est prévue par un arrêté du 11 janvier 1994. Ces laits contiennent toujours de la vanilline, qui est un arôme de vanille pour masquer le goût du fer. Malheureusement, ces laits sont relativement chers et ne sont pas à la portée de toutes les bourses.

○ Les laits aromatisés

Le lait aromatisé au chocolat ou à la fraise (Nesquik®, Lactel® ou Candy'Up®) est fabriqué à partir de lait auquel on ajoute du sucre et du chocolat ou du sirop de fraise. Ainsi, la teneur glucidique augmente, tout comme la valeur énergétique, tandis que le taux de calcium devient légèrement inférieur à celui d'un lait nature. Si vous souhaitez contrôler vos apports en sucres ajoutés, il est préférable de consommer un lait nature, en y ajoutant au besoin une quantité limitée de cacao en poudre.

○ Le lait de chèvre

Le lait de chèvre a des valeurs nutritionnelles proches de celles du lait de vache. Ainsi, il peut le remplacer dans la ration quotidienne. Cependant, il est préférable de choisir un lait demi-écrémé qui contient moins de lipides mais autant de calcium que le lait entier.

○ Le lait d'ânesse

Sans doute le plus original, le lait d'ânesse est encore produit en France dans trois établissements, en Ariège, en Provence et dans le Gers. L'exploitation de l'ânesse laitière était un honneur chez les peuples anciens. Ainsi, les Grecs considéraient ce lait comme un excellent remède, les Romains en faisaient une boisson de luxe, Hippocrate le recommandait pour toutes sortes de maux, empoisonnement, douleurs articulaires, cicatrisation des plaies… Au XIXe siècle et même au début du XXe, le lait d'ânesse était encore un remède auquel recouraient de nombreuses personnes. Plus tard, les établissements producteurs de lait d'ânesse se tournèrent vers le marché des enfants en bas âge que leur mère ne pouvait nourrir. C'est ainsi que l'Hôpital des enfants assistés a longtemps entretenu un troupeau d'ânesses.

○ **Les laits fermentés**

Le lait caillé est un lait qui a tourné. D'ailleurs, c'est peut-être grâce à lui que l'on a découvert le fromage. En Europe orientale et en Asie centrale, on appelait cette boisson *kéfir*. Aujourd'hui, le lait fermenté est fabriqué, soit à partir de lait entier, soit à partir de lait écrémé, partiellement pasteurisé, auquel on ajoute des ferments lactiques, comme le bifidus et l'acidophilus. Grâce à ces bactéries, le lait aurait des propriétés antimicrobiennes. Si tout cela a été constaté *in vitro*, c'est-à-dire dans un tube à essai, on n'a pas encore montré qu'il avait un effet bénéfique certain pour la santé et que cela permettait de diminuer les infections intestinales chez l'enfant et l'adulte. Signalons le lait laban qui contient 1 % de lipides et les laits ribots, un très écrémé à 0,79 % de lipides et un entier à 3,27 %.

LES BOISSONS AU SOJA ET LE « LAIT » DE COCO

Les boissons au soja ne sont pas des laits, les nommer ainsi est une fausse appellation. Ces boissons sont peu sucrées et ont une teneur lipidique modérée. Elles contiennent de la vitamine E. Leur principal intérêt est leur apport en acides gras polyinsaturés, contrairement au lait de vache. En revanche, il faut veiller à ce que cette boisson soit enrichie en calcium pour pouvoir la consommer à la place du lait. Dès lors, elle pourra, par exemple, être conseillée en cas d'allergies aux protéines de lait de vache ou d'intolérance au lactose.
Très riche en lipides (18 g pour 100 g), le lait de coco ne mérite pas non plus cette appellation, mais son utilisation en cuisine adoucit le piquant de certaines épices.

UN PEU DE NUTRITION...

Le produit de référence du consommateur est certainement le lait demi-écrémé qui contient 3,2 g de protéines pour 100 ml, environ 4,8 g de glucides et 1,5 g de lipides. Ce lait, le plus couramment vendu, semble un bon compromis en ce qui concerne la teneur en lipides, entre le lait entier qui contient 3,6 g de lipides pour 100 ml et le lait écrémé qui n'en contient pratiquement pas, moins de 0,3 g pour 100 ml, mais dont le goût est évidemment beaucoup moins délicat au palais à cause de l'absence de graisse. Pour les personnes qui font attention à leur ligne, le demi-écrémé est recommandé et pour ceux qui doivent maigrir et consommer du calcium l'écrémé une bonne solution.

À PROPOS DES PROBIOTIQUES

Au rayon des laits, on rencontre également des produits dont on fait régulièrement la publicité : des laits enrichis en bactéries bifidus ou en *Lactobacillus casei* (que l'on retrouve aussi dans les yaourts). De nombreuses expériences en laboratoire ont montré les effets positifs des probiotiques pour limiter la propagation de germes pathogènes comme l'*Helicobacter pylori* (une bactérie responsable d'ulcères de l'estomac) ou une augmentation de l'immunité loco-régionale, mais aucune étude ne prouve aujourd'hui qu'une utilisation régulière de ces produits a une action quelconque sur la santé humaine en diminuant, par exemple, le nombre d'infections intestinales chez l'enfant ou l'adulte des pays développés.

LES FROMAGES

Les origines du fromage remontent au Néolithique. Dès que les hommes ont su domestiquer les chèvres et les brebis pour l'élevage, ils ont commencé à boire le lait des animaux et à produire des faisselles, c'est-à-dire du lait caillé, tourné et séché à température ambiante. Selon cette recette ancestrale, les premiers fromages blancs furent largement employés pour les pâtisseries durant toute l'Antiquité, les Latins fabriquant même du fromage fumé, comme on le fait encore aujourd'hui en Italie centrale. Mais, c'est après la chute de l'Empire romain que les religieux des monastères développèrent l'industrie fromagère. Ainsi, jusqu'au XVIIIe siècle, on consomma beaucoup de fromages, et plus particulièrement en France. Après une période où, dans l'alimentation quotidienne, le fromage fut un peu délaissé, les bourgeois du XIXe siècle remirent le fromage à l'honneur.

Avec plus de 365 variétés, une par jour de l'année, la France est le plus grand producteur au monde. Les fromages peuvent être fabriqués à partir de lait de vache, de chèvre, de brebis, voire de bufflonne, comme en Italie, pays de la mozzarella.

LES DIFFÉRENTS TYPES DE FROMAGE

Dans nos grandes surfaces, nous trouvons principalement deux types de fromage : le fromage blanc frais et les fromages affinés.

Le fromage blanc est un produit issu de la simple coagulation du lait grâce à des ferments lactiques. Le caillé est une variété plus ou moins égouttée. Il existe même de nombreux fromages frais salés, présentés en carrés et emballés dans une feuille d'aluminium. La plupart du temps, ils se conservent au réfrigérateur. Leur teneur en matières grasses varie entre 0 et 60 %. Mais, comme ils contiennent beaucoup plus d'eau que les fromages affinés, on peut en manger plus.

Les fromages affinés sont beaucoup plus nombreux. Leur fabrication consiste d'abord à cailler le lait grâce à des ferments lactiques ou de la présure. La matière obtenue subit ensuite un égouttage, puis une fermentation progressive. Une fois fermenté, le fromage est salé et peut être ensemencé avec des moisissures. Il est alors placé dans un moule puis, une fois démoulé, va être affiné, c'est-à-dire conservé plus ou moins longtemps dans des locaux spéciaux à une température déterminée, pour lui donner son goût, sa texture et sa couleur.

On distingue les différentes familles de fromages en fonction de leur affinage :
- ✔ **Les fromages à pâte molle,** pour lesquels l'égouttage est lent, sont soit à croûte fleurie, comme le camembert, le brie ou le coulommiers, parce qu'une moisissure blanchâtre se développe en surface pendant l'affinage, soit à croûte lavée, comme le munster ou le pont-l'évêque, parce que la croûte est régulièrement lavée au cours de l'affinage avec de l'eau salée et brossée.
- ✔ **Les fromages à pâte pressée,** subissant une cuisson et une pression, comme l'emmental, le comté ou le Leerdammer®. Le caillé est chauffé avant d'être pressé et bénéficie d'un affinage lent.
- ✔ **Les fromages à pâte persillée,** comme le roquefort ou la fourme, contiennent des moisissures de type pénicillium.
- ✔ **Les fromages fondus** sont à base de fromages pressés ou à pâte cuite. Ces fromages sont fondus à chaud et cuits pendant trois minutes. Ils sont enveloppés dans du papier en aluminium.
- ✔ **Les fromages de chèvre ou de brebis** sont secs, demi-secs ou frais, selon leur degré d'affinage, et sont fabriqués avec du lait de chèvre, de brebis, ou un mélange de lait de vache et de chèvre : ils s'appellent alors mi-chèvre.

COMMENTAIRES NUTRITIONNELS

Quand on fait attention à son alimentation, il vaut mieux éviter de consommer trop fréquemment des fromages très gras. Voici un petit guide des produits les plus riches et les plus maigres.

○ Les fromages à tartiner

Il existe une grande variation de valeur calorique dans les fromages tartinables non allégés. Le Boursin®, le Rondelé®, le Tartare® aux noix ou fines herbes… sont des fromages assez gras et caloriques (de 330 à 440 kcal pour 100 g). Le Carré Frais® demi-sel et le St-Môret® nature font partie des fromages les moins gras et les moins caloriques (de 200 à 250 kcal).

○ Les fromages fondus et les fromages pour enfants

Quel est l'intérêt nutritionnel de ces fromages pour nos enfants? Avant tout, celui de leur apporter du calcium, au moins autant qu'un yaourt (130 mg), dans un aliment ludique par sa présentation et facile d'utilisation avec des goûts passe-partout pour plaire au plus grand nombre. Il faut choisir un aliment pas trop gras (20 g maximum pour 100 g permet d'avoir en bouche un aliment agréable et moyennement gras), afin de limiter l'apport en énergie. Vous constaterez que le choix est restreint pour trouver un produit peu lipidique et riche en calcium.

○ Les fromages de chèvre et de brebis

Au même titre que les fromages au lait de vache, il existe des fromages frais ou plus ou moins affinés et plus ou moins secs. Leur valeur calorique varie également selon leur richesse en eau.

○ Les fromages italiens

Le mascarpone est un fromage à triple crème, autrement dit très gras et très calorique. Pauvre en calcium et en protéines. Il n'est donc vraiment pas conseillé à ceux qui font attention à leur ligne.

Le parmesan est riche en lipides car il contient peu d'eau mais il est le plus riche en calcium (1 275 mg pour 100 g). En petites quantités, il est particulièrement conseillé pour les adolescents, les femmes enceintes ou en ménopause, qui ont besoin d'un apport de calcium substantiel.

La mozzarella et le gorgonzola sont intéressants pour leur apport en protéines et en calcium, même s'il est plus faible que celui du parmesan. Le gorgonzola est plus gras que la mozzarella. Signalons que la mozzarella *light* contient deux fois moins de lipides et autant de protéines que la mozzarella non allégée, mais a perdu un tiers de sa teneur en calcium. On ne peut pas tout avoir !

La ricotta est riche en eau, ce qui explique sa faible teneur en lipides (13,3 g pour 100 g), mais elle est également pauvre en protéines. En revanche, ce fromage contient beaucoup de calcium (400 mg pour 100 g).

○ Les fromages à pâte pressée

Toutes marques confondues, ces fromages ont des valeurs nutritionnelles très proches. Ils sont plutôt gras (entre 18 à 33 % de lipides) et caloriques. Mais ils présentent des atouts nutritionnels très importants, grâce à leur richesse en calcium et en protéines. Des produits comme **la cancoillotte**, à pâte fondue, sont intéressants par leur faible quantité de lipides.

○ Les bleus et les roqueforts

Le bleu de Bresse et le roquefort Société® sont très gras mais ils ont une bonne teneur en protéines et une teneur moyenne en calcium.

○ Les fromages à pâte molle à croûte fleurie

Le camembert, par exemple. Leur valeur en lipides est moyenne. Ce sont des produits intéressants pour leur richesse en protéines et en calcium. Il existe des fromages à croûte fleurie allégés intéressants pour leur teneur faible en lipides ainsi que pour leur teneur notable en protéines et en calcium. Beaucoup d'entre eux ont un très bon goût mais, pour les vrais amateurs de camembert, il faudra revenir à l'original !

○ Les fromages à pâte molle à croûte lavée

Dans l'ensemble, ils ont une valeur moyenne en protéines et en lipides tout en étant moyennement riches en calcium.

COMMENT CHOISIR SON FROMAGE ?

D'abord en fonction de son goût. Mais quand on arrive au rayon des fromages, l'abondance est telle que le choix s'avère souvent difficile. Ne suivez pas forcément votre instinct mais plutôt vos besoins. Si vous voulez vous faire plaisir, choisissez le fromage qui vous plaît sans tenir compte du pourcentage de matières grasses ou d'une autre caractéristique nutritionnelle.

Si vous pensez qu'il vous faut un peu plus de calcium et de protéines, optez pour le parmesan et les fromages à pâte cuite.

Si vous souhaitez éviter, en raison de leur richesse en lipides, un certain nombre de fromages qui ont peu d'intérêt nutritionnel, évitez le mascarpone, le Rondelé®, le Tartare®, le Boursin® ou le Kiri®.

FROMAGES SANS SEL ?

Si vous suivez un régime sans sel, détournez votre regard de ce rayon qui n'est pas pour vous ! Dans certaines fromageries, vous trouverez trois fromages sans sel : un chèvre, un gruyère et un gouda. Nous les avons goûtés et ils ne sont pas mal du tout ! On sent vraiment le goût du fromage et, pour certains, le sans sel est meilleur que le salé. Il en faut pour tous les goûts.

POUR CEUX QUI VEULENT SE DONNER BONNE CONSCIENCE EN MANGEANT DU FROMAGE

Première technique : n'en mangez pas tous les jours, mais trois à quatre fois par semaine, en respectant des portions entre 40 et 60 g.

Deuxième technique : vous pouvez acheter certains fromages allégés, tout en sachant qu'ils sont souvent pauvres en calcium et/ou en protéines et n'ont pas un grand intérêt.

AVANTAGES NUTRITIONNELS

Les fromages contiennent une quantité intéressante de protéines variant de 15 à 30 %. Ils demeurent surtout un apport essentiel en calcium pour l'organisme.

Le calcium lutte contre l'ostéoporose, qui est une déminéralisation des os, survenant surtout chez la femme après la ménopause. C'est avant la puberté que la jeune fille doit constituer son stock de calcium osseux, et donc manger suffisamment de produits riches en calcium. Une fois constitué, ce pic osseux devra être entretenu pendant toute la vie.

La quantité de lipides, quant à elle, varie en fonction du type de fromage. Les fromages sont riches en graisses saturées environ à 50 %. Ces graisses prises en trop grande quantité risquent de favoriser les maladies cardio-vasculaires. Il est donc conseillé de varier les fromages caloriques et riches en lipides avec des apports en yaourts et en fromages frais, même si les végétariens ont tendance à en consommer un peu plus.

DEUX MOTS SUR LA LISTÉRIA

La listéria est une famille de bactéries présente dans la charcuterie et dans le fromage. Une seule, la listéria monocytogène, est particulièrement dangereuse pour les êtres dont l'immunité est déficiente ainsi que pour les femmes enceintes. Cette listéria se développe particulièrement bien dans les réfrigérateurs peu ou mal entretenus. Il est donc indispensable de les nettoyer méticuleusement tous les quinze jours, afin de limiter sa propagation et le risque d'infection.

FROMAGES EMBALLÉS OU FROMAGES À LA COUPE ?

L'avantage des fromages emballés est une conservation plus longue. En revanche, on peut leur reprocher parfois leur différence de goût et de saveur avec les fromages à la coupe. Cependant, il suffit souvent d'ouvrir l'emballage quelques heures avant son utilisation pour que le fromage, très légèrement oxydé, retrouve son goût d'origine.

À la coupe, l'avantage est avant tout le choix bien plus important de fromages. Pour ne pas perdre leur arôme et leur goût subtil, certains fromages ne pourront jamais être mis sous vide. C'est notamment le cas du vieux parmesan, de la mimolette vieille, du vacherin...

LES YAOURTS, LES FROMAGES BLANCS ET LES FROMAGES FRAIS

Le yaourt est un aliment très spécifique dont l'appellation et la fabrication sont très réglementées. Il appartient à la famille des laits fermentés. Pour porter le nom de yaourt, le lait doit être ensemencé ou fermenté simultanément avec deux souches de bactéries lactiques thermophiles : le *Streptococcus thermophilus* et le *Lactobacillus bulgaricus*. Quand il existe d'autres ferments comme le bifidus ou l'acidophilus, il ne s'agit donc plus d'un yaourt, mais de lait fermenté.

Quant au **fromage blanc**, c'est un fromage à pâte fraîche. On ajoute la présure au lait pour le faire cailler. La présure est un coagulant du lait d'origine animale extrait de la caillette (le quatrième estomac) de jeunes ruminants. Le fromage est cette matière que vous récupérez lorsque vous filtrez le petit-lait. La teneur en protéines est plus importante dans le fromage blanc.

Yaourts et fromages blancs contiennent peu de lactose. Dans le yaourt, celui-ci a été transformé en acide lactique par nos deux bactéries thermophiles. Pour le fromage blanc, il est éliminé dans le petit-lait.

Comme toujours, il faut lire la liste des ingrédients qui indique par ordre décroissant les matières premières utilisées : lait entier, lait écrémé, lait demi-écrémé, crème... et prendre comme référence qu'un yaourt au lait entier, le plus courant, contient 3,6 % de matières grasses.

LE CALCIUM

Le grand avantage nutritionnel des laitages est bien entendu l'apport en calcium. Les yaourts, les laits fermentés et les fromages blancs nature en apportent beaucoup. Pour 100 g, entre 100 et 150 mg, en sachant que le besoin moyen est d'environ 900 mg par jour selon les normes françaises. Les fromages blancs aromatisés en contiennent en moyenne moins, aux environs de 75 à 100 mg pour 100 g. Quant aux desserts et spécialités, leur teneur est souvent inférieure à 100 mg pour 100 g.

Le calcium est indispensable à l'ossification de nos enfants dès le plus jeune âge mais encore plus à la puberté, moment où le calcium va s'accumuler dans les os pour le restant de la vie. Depuis 2015, de nombreuses publications scientifiques ont montré que le calcium pourrait avoir un effet favorable sur la diminution de la masse adipeuse, et donc favoriser l'amaigrissement. Cependant, des études contradictoires ont été publiées. Cet effet « amaigrissant » ne se produirait que chez les personnes consommant spontanément peu de calcium dans leur alimentation quotidienne.

LES YAOURTS À BOIRE

Vous trouverez de très nombreuses références de ces laits fermentés, allégés ou au lait entier, plus ou moins sucrés, dont la quantité calorique aux 100 g va varier de 25 à 90 kcal. Mais ce qui est important est la portion vendue. On trouve de petites bouteilles de 90 ml chez Actimel®, des contenances de 125 ml (que l'on retrouve plus fréquemment dans le hard discount) et même 180 à 750 ml pour les autres marques.

La maman doit veiller au respect des quantités raisonnables en fonction de l'âge de l'enfant : 90 ml pour les enfants de 6 à 8 ans, 150 à 180 ml pour les enfants de 10 à 12 ans.

LES FROMAGES BLANCS ET FRAIS

Pour les fromages blancs et frais, il est plus facile de s'y repérer. Il suffit de bien savoir lire l'étiquette...

LE NOUVEL ÉTIQUETAGE DES MATIÈRES GRASSES

La réglementation française change. Hier, elle exigeait que la teneur en matière grasse des fromages soit exprimée en pourcentage par rapport à la matière sèche, c'est-à-dire la matière fromagère restant après complète déshydratation du produit.

Le nouveau décret prévoit d'exprimer la matière grasse, soit en pourcentage par rapport au poids total du produit fini, soit, dans le tableau nutritionnel, sous forme de quantité de lipides pour 100 g de produit fini. Ce principe d'étiquetage est actuellement celui de tous les autres produits alimentaires.

La composition des fromages ne change pas, seulement le mode d'expression de la teneur en matière grasse afin que les consommateurs puissent connaître simplement et directement la quantité de matière grasse réellement présente dans le fromage consommé.

Voilà quelques exemples des changements qui résulteront de l'application de ce décret :

Fromage blanc

- *Ancien décret* : teneur en matière grasse/matière sèche indiquée sur l'étiquette = 40 %. Teneur moyenne en eau : 82 %. Pourcentage de matière sèche dans produit fini = 100 − 82 = 18 %. Teneur réelle en matière grasse dans le produit fini : 40 % de matière grasse dans 18 % de produit.
- *Nouveau décret* : teneur en matière grasse = 7,2 % (0,4 × 0,18 = 0,07 = 7,20 %).

Fromage à pâte dure, type emmental

- *Ancien décret* : teneur en matière grasse/matière sèche indiquée sur l'étiquette = 45 %. Teneur moyenne en eau : 38 %. Pourcentage de matière sèche dans le produit fini : 100 − 38 = 62 %. Teneur réelle en matière grasse dans le produit fini : 45 % de matière grasse dans 62 % de produit.
- *Nouveau décret* : teneur en matière grasse = 27,9 % (0,45 × 0,62 = 0,279 = 27,9 %).

Yaourt au lait entier et fromage blanc à 20 % de matières grasses

100 g de yaourt au lait entier = 100 g de fromage blanc à 20 %, mais attention la contenance d'un yaourt est de 125 ml, donc pratiquement 25 % de plus !

MES MENUS

Pour ceux qui débutent, nous avons voulu vous faciliter la tâche. Vous trouverez ici deux types de menus qui sont des pivots :

✔ Le premier, à 1 400 calories, s'adapte aux personnes qui souhaitent perdre du poids. C'est un minimum et on peut l'améliorer en utilisant la liste des équivalences caloriques ci-dessous.

✔ Le second, à 1 800 calories, est un menu de stabilisation après un régime.

En pratique, une femme devrait consommer 2 000 calories par jour et un homme 2 400 calories.

Il suffit donc de choisir une ligne dans les équivalences caloriques pour passer de 1 800 à 2 000 calories. Et trois lignes différentes, en les variant, pour les hommes afin d'arriver à 2 400 calories.

Les repas contiendront toujours suffisamment de protéines, suffisamment de fruits et de légumes (il faut atteindre 400 g par jour), un peu de matière grasse pour avoir une ration d'oméga-3 et d'oméga-6. Enfin, il ne faut jamais oublier de consommer un peu de féculents pour disposer de suffisamment d'énergie.

LISTE DES ÉQUIVALENCES CALORIQUES À 200 KCAL

SALÉES

✔ Crudités en vinaigrette avec 1 cuillerée à café d'huile + 1 laitage nature à 0 % de MG + 1 fruit.

✔ Tomates cerise à croquer + 1 portion individuelle de camembert (1/8e, soit 30 g) + 2 fines tranches de pain complet de boulangerie.

✔ 1 bol (300 ml) de soupe (à moins de 50 kcal/100 ml) + 1 laitage nature à 0 % de MG.

✔ 50 g de tofu soyeux aillé et persillé + 2 fines tranches de pain complet de boulangerie + 1 fruit.

✔ 1 œuf à la coque ou dur + 1 fine tranche de pain complet de boulangerie + 1 fruit.

✔ Salade verte au vinaigre ou jus de citron + 20 g de cerneaux de noix + 1 laitage à 0 % de MG.

✔ 1 petite bouteille de jus de tomates (200 ml environ) + 1 portion indivi-duelle de 20 à 40 g de fromage selon le fromage (1/8ᵉ de camembert par exemple) + 2 fines tranches de pain complet de boulangerie.

✔ Bâtonnets de crudités à croquer + 4 amandes à croquer + 1 pot OU 1 gourde de compote de fruits sans sucres ajoutés.

✔ 2 fines tranches de pain complet de boulangerie + 1 portion de fromage tartiner + 1 fruit.

✔ Bâtonnets de carotte + 1 fine tranche d'emmental (20 g environ) + 1 fruit.

SUCRÉES

✔ 1 verre de lait écrémé + 4 à 5 cuillerées à soupe de céréales, soit environ 40 g (à maximum 380 kcal/100 g).

✔ 1 laitage nature à 0 % de MG + 1 biscuit tablette de chocolat (type Petit Écolier®) + 1 fruit.

✔ 1 verre de lait écrémé + 1 cuillerée à café de cacao + 2 biscuits type Petit-beurre®.

✔ 2 fines tranches de pain complet de boulangerie + 2 cuillerées à café rases de pâte à tartiner.

✔ 3 galettes de céréales nature + 1 cuillerée à soupe de confiture + 1 lai-tage à 0 % de MG.

✔ 2 tranches de pain d'épices + 1 thé ou une infusion sans sucre.

✔ 1 briochette nature OU 1 croissant + 1 thé ou une infusion sans sucre.

✔ 2 fines tranches de pain complet de boulangerie + 2 carrés de chocolat + 1 laitage nature à 0 % de MG.

✔ 3 amandes + 3 abricots secs + 2 biscuits type Petit-beurre®.

✔ 5 boudoirs + 1 pot OU 1 gourde de compote de fruits sans sucres ajoutés.

MON MENU VÉGÉTARIEN À 1 400 KCAL

semaine 1

LUNDI — MARDI — MERCREDI

PETIT DÉJEUNER

LUNDI
- Café, thé ou infusion sans sucre
- 30 g de pain complet
- 10 g de beurre
- 2 petits-suisses nature à 0 % de MG
- 2 kiwis

MARDI
- Café, thé ou infusion sans sucre
- 30 g de pain complet
- 10 g de beurre
- 100 g de fromage blanc nature à 0 % de MG
- 1 poire

MERCREDI
- Café, thé ou infusion sans sucre
- 30 g de pain complet
- 10 g de beurre
- 100 g de faisselle nature à 0 % de MG
- 6 litchis

DÉJEUNER

LUNDI
- Blancs de poireaux vapeur en vinaigrette avec 1 c. à c. d'huile de noix
- Chop suey de légumes au tofu
- 30 g de camembert
- 180 g d'ananas frais
- 15 g de pain complet

MARDI
- Champignons de Paris émincés en vinaigrette avec 1 c. à c. d'huile de pépins de raisin
- 2 œufs pochés
- 250 g de fonds d'artichauts en lamelles persillés vapeur
- 20 g d'emmental
- 1 pomelo
- 15 g de pain complet

MERCREDI
- Mélange de céleri-rave et carottes râpés au vinaigre de cidre avec 1 c. à c. d'huile de tournesol
- 100 g de steak végétal grillé sans MG
- 270 g de salsifis poêlés sans MG à l'échalote et ciboulette
- 25 g de reblochon
- 100 g de compote de fruits sans sucres ajoutés
- 15 g de pain complet

DÎNER

LUNDI
- Potage de légumes sans féculents ni MG avec 150 g* de vermicelles
- Poêlée de carottes et lentilles corail (100 g*) aillée et persillée sans MG
- 1 yaourt nature à 0 % de MG
- 6 litchis

MARDI
- Mâche au vinaigre de framboise avec 1 c. à c. d'huile d'olive
- 250 g* d'amarante sans MG au coulis de tomates
- Endives braisées au jus à la muscade sans MG
- 1 yaourt nature à 0 % de MG
- 100 g de compote de fruits sans sucres ajoutés

MERCREDI
- Soupe chinoise
- 185 g de pommes de terre vapeur, nappées avec 1 c. à c. d'huile de colza
- Poêlée de fèves (100 g*) et pois gourmands à la ciboule avec 1 c. à s. de sauce soja
- 100 g de fromage blanc nature à 0 % de MG
- 1 pomme

Retrouvez les recettes en vert à la fin du livre.

JEUDI	VENDREDI	SAMEDI	DIMANCHE
- Café, thé ou infusion sans sucre - 30 g de pain complet - 10 g de beurre - 2 petits-suisses nature à 0 % de MG - 1 orange	- Café, thé ou infusion sans sucre - 30 g de pain complet - 10 g de beurre - 100 g de fromage blanc nature à 0 % de MG - 100 g de compote de fruits sans sucres ajoutés	- Café, thé ou infusion sans sucre - 30 g de pain complet - 10 g de beurre - 1 yaourt nature à 0 % de MG - 1 pomme coupée en dés avec 1 pincée de vanille	- Café, thé ou infusion sans sucre - 30 g de pain complet - 10 g de beurre - 2 petits-suisses nature à 0 % de MG - 180 g d'ananas frais
- Salade de brocoli cuit froid en vinaigrette avec 1 c. à c. d'huile de tournesol - Rougail de tofu fumé - Épinards poêlés sans MG à l'ail - 1 yaourt nature à 0 % de MG - 2 kiwis	- 1 artichaut en vinaigrette avec 1 c. à c. d'huile de colza - 250 g* d'amarante au bouillon de légumes dégraissé - 140 g de petits pois vapeur aux petits oignons - 15 g de pain complet - 20 g d'emmental - 6 litchis	- Pointes d'asperges vertes en vinaigrette avec 1 c. à c. d'huile d'olive - 130 g de pavé de tofu grillé sans MG à la moutarde - Haricots beurre poêlés à l'ail sans MG - 2 petits-suisses nature à 0 % de MG - 1 pomelo	- Carottes râpées au thym avec 100 g* de lentilles corail et 1 c. à c. d'huile de noix - 185 g de pommes de terre au four sans MG persillées - Purée de potiron sans MG maison avec 1 pincée de cumin - 1 yaourt nature à 0 % de MG - 1 poire
- Salade d'endives au vinaigre de miel avec 150 g de maïs en grains et 1 c. à c. d'huile de colza - Haricots verts persillés et 100 g* de haricots rouges poêlés sans MG - 30 g de camembert - 1 poire coupée en dés et saupoudrée de cannelle - 15 g de pain complet	- Salade de chou rouge râpé au vinaigre de framboise avec 1 c. à c. d'huile de noix - 130 g de seitan grillé sans MG au thym - Blancs de poireaux vapeur à l'échalote - 2 petits-suisses nature à 0 % de MG - 180 g d'ananas frais	- Potage de légumes sans féculents ni MG avec 150 g* de vermicelles - Chou-fleur braisé au jus au persil haché avec 100 g* de fèves et 1 c. à c. d'huile de tournesol - 15 g de pain complet - 25 g de reblochon - 100 g de compote de fruits sans sucres ajoutés	- 120 g de betteraves rouges cuites en vinaigrette avec 1 c. à c. d'huile de pépins de raisin - Œufs cocotte en nid de julienne de légumes et coulis de tomates - 15 g de pain complet - 30 g de camembert - 2 kiwis

*poids cuit

MON MENU VÉGÉTARIEN À 1 400 KCAL

semaine 2

	LUNDI	MARDI	MERCREDI
PETIT DÉJEUNER 	- Café, thé ou infusion sans sucre - 30 g de pain complet - 10 g de beurre - 1 yaourt nature à 0 % de MG - 1 pomelo	- Café, thé ou infusion sans sucre - 30 g de pain complet - 10 g de beurre - 2 petits-suisses nature à 0 % de MG - 2 kiwis	- Café, thé ou infusion sans sucre - 30 g de pain complet - 10 g de beurre - Crème à la banane
DÉJEUNER 	- Blancs de poireaux vapeur, froids en vinaigrette avec 1 c. à c. d'huile de colza - 150 g* de polenta sans MG au basilic - 100 g* de haricots rouges avec 1 c. à s. de coulis de tomates - Champignons de Paris émincés et poêlés sans MG à l'ail et au persil - 2 petits-suisses nature à 0 % de MG - 100 g de compote de fruits sans sucres ajoutés	- Salade verte à la coriandre avec 1 c. à c. d'huile d'olive - 150 g* de boulgour sans MG au bouillon de légumes dégraissé - 100 g* de pois chiches à la sauce pimentée - Julienne de légumes poêlée sans MG au curry - 1 yaourt nature à 0 % de MG - 100 g de compote de fruits sans sucres ajoutés	- Chou rouge émincé à la ciboulette avec 1 c. à c. d'huile de colza - Poêlée de quinoa (250 g*) et champignons sans MG - Haricots verts vapeur à l'ail et au persil - 15 g de pain complet - 30 g de brie de Meaux - 1 orange sanguine
DÎNER 	- Endives émincées en vinaigrette avec 1 c. à c. d'huile de noix - Flan d'épinards au tofu - 15 g de pain complet - 1 pomme râpée à la cannelle	- Potage de légumes sans féculents ni MG avec 1 c. à s. de crème à 15 % de MG - 130 g de seitan grillé sans MG - Chou chinois poêlé sans MG au gingembre - 15 g de pain complet - 30 g de chaource - 3 clémentines	- 120 g de betteraves rouges cuites en dés à l'échalote et vinaigre de framboise - 150 g* de riz complet safrané - Purée de carottes et pois cassés (100 g*) à la noix muscade avec 1 c. à c. d'huile de noix - 100 g de fromage blanc nature à 0 % de MG - 30 g d'abricots secs

Retrouvez les recettes en vert à la fin du livre.

JEUDI

- Café, thé ou infusion sans sucre
- 30 g de pain complet
- 10 g de beurre
- 100 g de faisselle nature à 0 % de MG
- 2 kiwis

- 140 g de cœurs de palmier au basilic avec 1 c. à c. d'huile d'olive
- 150 g* de polenta sans MG au cumin
- 100 g* de lentilles corail sans MG au bouillon de légumes dégraissé
- Choux de Bruxelles cuits à l'étouffée sans MG
- 2 petits-suisses nature à 0 % de MG
- 3 clémentines

- Potage de légumes variés sans féculents ni MG avec 1 c. à s. de crème à 15 % de MG
- Œufs à la florentine
- 15 g de pain complet
- 1 orange sanguine

VENDREDI

- Café, thé ou infusion sans sucre
- 30 g de pain complet
- 10 g de beurre
- 2 petits-suisses nature à 0 % de MG
- 1 pomelo

- Cœurs d'artichauts émincés au persil avec 1 c. à c. d'huile de colza
- 120 g de tofu grillé sans MG aux oignons
- Blancs de poireaux émincés cuits à l'étouffée sans MG
- 15 g de pain complet
- 30 g de chaource
- 1 pomme

- Chou rouge émincé au cumin avec 1 c. à c. d'huile de noix
- 150 g* de boulgour sans MG
- 100 g* de haricots rouges au coulis de tomates
- Julienne de légumes poêlée sans MG à la muscade
- 100 g de fromage blanc nature à 0 % de MG
- 30 g d'abricots secs

SAMEDI

- Café, thé ou infusion sans sucre
- 30 g de pain complet
- 10 g de beurre
- 1 yaourt nature à 0 % de MG
- 2 kiwis

- Endives émincées avec 1 c. à c. d'huile de noix
- Poêlée de petits pois et fèves (100 g*) sans MG à la noix muscade
- 185 g de pommes de terre vapeur
- 1 petit-suisse nature à 0 % de MG
- 100 g de compote de fruits sans sucres ajoutés

- Verrine de betteraves au concombre et sa crème rosée légère
- 80 g de haché végétal grillé sans MG aux herbes de Provence
- 270 g de salsifis poêlés sans MG au persil, avec 1 c. à c. d'huile de noix
- 15 g de pain complet
- 30 g de brie de Meaux
- 1 poire

DIMANCHE

- Café, thé ou infusion sans sucre
- 30 g de pain complet
- 10 g de beurre
- 100 g de faisselle nature à 0 % de MG
- 1 orange sanguine

- Carottes râpées à la coriandre avec 1 c. à c. d'huile d'olive
- 150 g* de riz complet aux zestes de citron et thym
- 100 g de pois chiches sans MG
- Dés de courge butternut vapeur à la noix muscade
- 100 g de fromage blanc nature à 0 % de MG
- 1 petite banane

- Velouté de tomates sans féculents ni MG avec 1 c. à s. de crème à 15 % de MG
- 2 œufs cuits en omelette sans MG à la ciboulette
- Chou chinois braisé sans MG au bouillon de légumes dégraissé
- 15 g de pain complet
- 30 g de chaource
- 1 pomme

poids cuit

MON MENU VÉGÉTARIEN À 1 800 KCAL

semaine 1

	LUNDI	**MARDI**	**MERCREDI**
 **PETIT DÉJEUNER**	- Café, thé ou infusion sans sucre - 90 g de pain complet - 15 g de beurre - 2 petits-suisses nature à 20 % de MG - 2 kiwis	- Café, thé ou infusion sans sucre - 90 g de pain complet - 15 g de beurre - 100 g de fromage blanc nature à 20 % de MG - 1 pomme	- Café, thé ou infusion sans sucre - 90 g de pain complet - 15 g de beurre - 100 g de faisselle nature à 20 % de MG - 6 litchis
 **DÉJEUNER**	- Blancs de poireaux vapeur en vinaigrette avec 2 c. à c. d'huile de noix - Chop suey de légumes au tofu - 50 g de pain complet - 30 g de camembert - 180 g d'ananas frais	- Champignons de Paris émincés en vinaigrette avec 2 c. à c. d'huile de pépins de raisin - 2 œufs pochés - 250 g de fonds d'artichauts en lamelles persillés vapeur - 50 g de pain complet - 20 g d'emmental - 1 pomelo	- Mélange de céleri-rave et carottes râpés au vinaigre de cidre avec 2 c. à c. d'huile de tournesol - 100 g de steak végétal grillé sans MG - 270 g de salsifis poêlés sans MG à l'échalote et ciboulette - 50 g de pain complet - 25 g de reblochon - 100 g de compote de fruits sans sucres ajoutés
 **DÎNER**	- Potage de légumes sans féculents ni MG avec 150 g* de vermicelles - Poêlée de carottes et lentilles corail (100 g*) aillée et persillée avec 1 c. à s. de crème à 15 % de MG - 1 yaourt nature classique non sucré - 6 litchis	- Mâche au vinaigre de framboise avec 2 c. à c. d'huile d'olive - 250 g* d'amarante sans MG au coulis de tomates - Endives braisées au jus à la muscade sans MG - 1 yaourt nature classique non sucré - 100 g de compote de fruits sans sucres ajoutés	- Soupe chinoise - 185 g de pommes de terre vapeur, arrosées de 2 c. à c. d'huile de colza - Poêlée de fèves (100 g*) et pois gourmands à la ciboule avec 1 c. à s. de sauce soja - 100 g de fromage blanc nature à 20 % de MG - 1 pomme

Retrouvez les recettes en vert à la fin du livre.

JEUDI	VENDREDI	SAMEDI	DIMANCHE
- Café, thé ou infusion sans sucre - 90 g de pain complet - 15 g de beurre - 2 petits-suisses nature à 20 % de MG - 1 orange	- Café, thé ou infusion sans sucre - 90 g de pain complet - 15 g de beurre - 100 g de fromage blanc nature à 20 % de MG - 100 g de compote de fruits sans sucres ajoutés	- Café, thé ou infusion sans sucre - 90 g de pain complet - 15 g de beurre - 1 yaourt nature classique non sucré - 1 pomme coupée en dés avec 1 pincée de vanille	- Café, thé ou infusion sans sucre - 90 g de pain complet - 15 g de beurre - 2 petits-suisses nature à 20 % de MG - 180 g d'ananas frais
- Salade de brocoli cuit froid en vinaigrette avec 2 c. à c. d'huile de tournesol - Rougail de tofu fumé - Épinards poêlés sans MG à l'ail - 1 yaourt nature classique non sucré - 2 kiwis	- 1 artichaut en vinaigrette avec 2 c. à c. d'huile de colza - 250 g* d'amarante au bouillon de légumes dégraissé - 140 g de petits pois vapeur aux petits oignons - 50 g de pain complet - 20 g d'emmental - 6 litchis	- Pointes d'asperges vertes en vinaigrette avec 2 c. à c. d'huile d'olive - 130 g de pavé de tofu grillé sans MG à la moutarde - Haricots beurre poêlés à l'ail sans MG - 30 g de pain complet - 2 petits-suisses nature à 20 % de MG - 1 pomelo	- Carottes râpées au thym avec 100 g* de lentilles corail et 2 c. à c. d'huile de noix - 185 g de pommes de terre au four sans MG persillées - Purée de potiron sans MG maison avec 1 pincée de cumin - 1 yaourt nature classique non sucré - 1 poire
- Salade d'endives au vinaigre de miel avec 150 g de maïs en grains et 2 c. à c. d'huile de colza - Haricots verts persillés et 100 g* de haricots rouges poêlés sans MG - 50 g de pain complet - 30 g de camembert - 1 poire coupée en dés et saupoudrée de cannelle	- Salade de chou rouge râpé au vinaigre de framboise avec 2 c. à c. d'huile de noix - 130 g de seitan grillé sans MG au thym - Blancs de poireaux vapeur à l'échalote - 2 petits-suisses nature à 20 % de MG - 180 g d'ananas frais	- Potage de légumes sans féculents ni MG avec 150 g* de vermicelles - Chou-fleur braisé au jus au persil haché avec 100 g* de fèves et 2 c. à c. d'huile de tournesol - 20 g de pain complet - 25 g de reblochon - 100 g de compote de fruits sans sucres ajoutés	- 120 g de betteraves rouges cuites en vinaigrette avec 2 c. à c. d'huile de pépins de raisin - Œufs cocotte en nid de julienne de légumes et coulis de tomates - 50 g de pain complet - 30 g de camembert - 2 kiwis

poids cuit

MON MENU VÉGÉTARIEN À 1 800 KCAL

semaine 2

	LUNDI	MARDI	MERCREDI

PETIT DÉJEUNER

LUNDI
- Café, thé ou infusion sans sucre
- 90 g de pain complet
- 15 g de beurre
- 1 yaourt nature classique non sucré
- 1 pomelo

MARDI
- Café, thé ou infusion sans sucre
- 90 g de pain complet
- 15 g de beurre
- 2 petits-suisses nature à 20 % de MG
- 2 kiwis

MERCREDI
- Café, thé ou infusion sans sucre
- 90 g de pain complet
- 15 g de beurre
- Crème à la banane

DÉJEUNER

LUNDI
- Blancs de poireaux vapeur, froids en vinaigrette avec 2 c. à c. d'huile de colza
- 150 g* de polenta sans MG au basilic
- 100 g* de haricots rouges avec 1 c. à s. de coulis de tomates
- Champignons de Paris émincés et poêlés sans MG à l'ail et au persil
- 2 petits-suisses nature à 20 % de MG
- 100 g de compote de fruits sans sucres ajoutés

MARDI
- Salade verte à la coriandre avec 2 c. à c. d'huile d'olive
- 150 g* de boulgour sans MG au bouillon de légumes dégraissé
- 100 g* de pois chiches à la sauce pimentée
- Julienne de légumes poêlée sans MG au curry
- 1 yaourt nature classique non sucré
- 100 g de compote de fruits sans sucres ajoutés

MERCREDI
- Chou rouge émincé à la ciboulette avec 2 c. à c. d'huile de colza
- Poêlée de quinoa (250 g*) et champignons sans MG
- Haricots verts vapeur à l'ail et au persil
- 50 g de pain complet
- 30 g de brie de Meaux
- 1 orange sanguine

DÎNER

LUNDI
- Endives émincées en vinaigrette avec 2 c. à c. d'huile de noix
- Flan d'épinards au tofu
- 50 g de pain complet
- 1 pomme râpée à la cannelle

MARDI
- Potage de légumes sans féculents ni MG avec 2 c. à s. de crème à 15 % de MG
- 130 g de seitan grillé sans MG
- Chou chinois poêlé sans MG au gingembre
- 50 g de pain complet
- 30 g de chaource
- 3 clémentines

MERCREDI
- 120 g de betteraves rouges cuites en dés à l'échalote et vinaigre de framboise
- 150 g* de riz complet safrané
- Purée de carottes et pois cassés (100 g*) à la noix muscade avec 2 c. à c. d'huile de noix
- 100 g de fromage blanc nature à 20 % de MG
- 30 g d'abricots secs

Retrouvez les recettes en vert à la fin du livre.

JEUDI	VENDREDI	SAMEDI	DIMANCHE
- Café, thé ou infusion sans sucre - 90 g de pain complet - 15 g de beurre - 100 g de fromage blanc nature à 20 % de MG - 2 kiwis	- Café, thé ou infusion sans sucre - 90 g de pain complet - 15 g de beurre - 2 petits-suisses nature à 20 % de MG - 1 pomelo	- Café, thé ou infusion sans sucre - 90 g de pain complet - 15 g de beurre - 1 yaourt nature classique non sucré - 2 kiwis	- Café, thé ou infusion sans sucre - 90 g de pain complet - 15 g de beurre - 100 g de fromage blanc nature à 20 % de MG - 1 orange sanguine
- 140 g de cœurs de palmier au basilic avec 2 c. à c. d'huile d'olive - 150 g* de polenta sans MG au cumin - 100 g* de lentilles corail sans MG au bouillon de légumes dégraissé - Choux de Bruxelles cuits à l'étouffée sans MG - 2 petits-suisses nature à 20 % de MG - 3 clémentines	- Cœurs d'artichauts émincés au persil avec 2 c. à c. d'huile de colza - 120 g de tofu grillé sans MG aux oignons - Blancs de poireaux émincés cuits à l'étouffée sans MG - 50 g de pain complet - 30 g de chaource - 1 pomme	- Endives émincées avec 2 c. à c. d'huile de noix - Poêlée de petits pois et fèves (100 g*) sans MG à la noix muscade - 185 g de pommes de terre vapeur - 1 petit-suisse nature à 20 % de MG - 100 g de compote de fruits sans sucres ajoutés	- Carottes râpées à la coriandre avec 2 c. à c. d'huile d'olive - 150 g* de riz complet aux zestes de citron et thym - 100 g de pois chiches sans MG - Dés de courge butternut vapeur à la noix muscade - 100 g de fromage blanc nature à 20 % de MG - 1 petite banane
- Potage de légumes variés sans féculents ni MG avec 2 c. à s. de crème à 15 % de MG - Œufs à la florentine - 50 g de pain complet - 1 orange sanguine	- Chou rouge émincé au cumin avec 2 c. à c. d'huile de noix - 150 g* de boulgour sans MG - 100 g* de haricots rouges au coulis de tomates - Julienne de légumes poêlée sans MG à la noix muscade - 100 g de fromage blanc nature à 20 % de MG - 30 g d'abricots secs	- Verrine de betteraves au concombre et sa crème rosée légère - 80 g de haché végétal grillé sans MG aux herbes de Provence - 270 g de salsifis poêlés sans MG au persil avec 2 c. à c. d'huile de noix - 50 g de pain complet - 30 g de brie de Meaux - 1 poire	- Velouté de tomates sans féculents ni MG avec 2 c. à s. de crème à 15 % de MG - 2 œufs cuits en omelette sans MG à la ciboulette - Chou chinois braisé sans MG au bouillon de légumes dégraissé - 50 g de pain complet - 30 g de chaource - 1 pomme

* poids cuit

CARNET DE RECETTES

ENTRÉES

SOUPE CHINOISE

INGRÉDIENTS POUR 1 PERSONNE :

- 50 g de laitue
- 50 g de carotte
- 50 g de tomate
- 15 g de champignons noirs séchés
- 1 c. à c. de sauce soja
- 1 cube de bouillon de légumes dégraissé
- Quelques feuilles de coriandre
- Poivre de Sichuan

1 Faire tremper les champignons noirs 30 min dans de l'eau tiède, puis les rincer et les couper en fines lamelles. Laver et égoutter la laitue. La couper en fines lanières. Peler et épépiner la tomate ; la couper en petits dés. Laver, peler et couper la carotte en fins bâtonnets.

2 Dans une casserole, verser 250 ml d'eau et le cube de bouillon. Dès que l'eau est frémissante, ajouter les légumes, la coriandre ciselée, la sauce soja et du poivre. Laisser mijoter 30 à 35 min. Servir bien chaud.

VERRINE DE BETTERAVES AU CONCOMBRE ET SA CRÈME ROSÉE LÉGÈRE

INGRÉDIENTS POUR 1 PERSONNE :

- 120 g de betterave rouge cuite
- 1/4 de concombre
- 50 g de fromage blanc nature à 0 % de MG (20 % de MG pour le menu à 1 800 kcal)

- Quelques feuilles de menthe fraîche
- Quelques feuilles de persil frais
- 1 goutte de sauce pimentée
- 1 pincée de sel

1 Laver et peler le concombre. Le fendre en deux dans le sens de la longueur et retirer les pépins à l'aide d'une petite cuillère. Mixer le concombre et le passer au chinois. Récupérer le jus.

2 Récupérer le jus de betterave du paquet. Couper la betterave en petits dés et les déposer dans le fond de la verrine. Verser le jus de concombre filtré dans la verrine et réserver au frais.

3 Hacher finement les feuilles de menthe et de persil. Battre au fouet le fromage blanc assaisonné de sel, de la sauce pimentée, de la menthe et du persil hachés et incorporer au fur et à mesure le jus de betterave.

4 Déposer la crème rosée sur le dessus de la verrine et décorer d'1 feuille de menthe.

PAIN PERDU SALÉ AUX PIGNONS ET SA SALADE DE TOMATE

INGRÉDIENTS POUR 1 PERSONNE :

- 1 tomate
- 1 c. à s. de vinaigre balsamique
- 1 c. à c. de basilic ciselé
- 1 œuf
- 10 g de pignons de pin
- 1 c. à c. d'huile d'olive

- 75 ml de lait écrémé
- 30 g de pain aux céréales et graines rassis coupé en tranches
- 1 c. à c. d'huile d'olive
- 1 pincée de cumin en poudre
- Sel et poivre

1. Laver la tomate et la couper en rondelles. La disposer sur une assiette, arroser de vinaigre balsamique et saupoudrer de basilic ciselé.

2. Dans une assiette creuse, battre l'œuf en omelette. Saler et poivrer. Dans une autre assiette creuse, verser le lait.

3. Tremper les tranches de pain dans le lait jusqu'à ce qu'elles ramollissent un peu, puis les passer des deux côtés dans l'œuf battu. Faire chauffer une poêle à revêtement antiadhésif et faire griller les pignons à sec. Réserver.

4. Dans la même poêle, faire chauffer l'huile et cuire les tranches de pain des deux côtés pour qu'elles soient bien dorées, saupoudrer de cumin. Disposer les tranches de pain perdu salé au centre de l'assiette de tomate et saupoudrer de pignons grillés.

MON CARNET DE RECETTES

POTAGE DE LENTILLES CORAIL AU CURRY

INGRÉDIENTS POUR 1 PERSONNE :

- 50 g de lentilles corail (poids cru)
- 50 g de carotte
- $\frac{1}{4}$ d'oignon
- $\frac{1}{2}$ c. à c. de curry en poudre
- 1 bouquet garni (1 feuille de laurier, thym)
- 1 c. à c. de persil ciselé
- Sel et poivre

1 Laver les lentilles, émincer la carotte et l'oignon finement.

2 Faire revenir l'oignon à sec dans une casserole antiadhésive jusqu'à ce qu'il devienne translucide.

3 Saupoudrer de curry, faire roussir quelques instants en remuant bien.

4 Ajouter les lentilles, le bouquet garni, 250 ml d'eau, les carottes et laisser cuire 15 min environ.

5 Retirer le bouquet garni et mixer la soupe. Saler et poivrer. Décorer de persil et servir immédiatement.

SALADE DE POIS CHICHES ET CAROTTES À LA MENTHE

INGRÉDIENTS POUR 1 PERSONNE :

- 150 g de carottes
- 100 g de pois chiches en conserve
- 1 petit bouquet de menthe fraîche ciselée
- 1 c. à c. d'huile d'olive
- Le jus d'¹/₂ citron
- 1 c. à c. de cumin en poudre
- 1 pincée de cannelle en poudre
- Sel et poivre

1 Laver, éplucher et râper les carottes.

2 Rincer les pois chiches à l'eau.

3 Rincer et ciseler la menthe. Mélanger tous les ingrédients.

4 Réaliser une sauce avec l'huile, le jus de citron et les épices. Saler et poivrer.

5 Napper la salade de pois chiches et carottes de cette sauce et servir aussitôt.

SALADE D'ÉPEAUTRE

(à préparer la veille)

INGRÉDIENTS POUR 1 PERSONNE :

- 25 g de petit épeautre
- 1 tomate
- 150 g de concombre
- Quelques feuilles de menthe fraîche
- 1 gousse d'ail
- 50 g de pois chiches (poids net égoutté)
- $\frac{1}{2}$ citron
- 1 c. à c. d'huile d'olive
- Sel et poivre

1 Laver le petit épeautre et le faire tremper dans un grand volume d'eau pendant toute une nuit.

2 Le lendemain, jeter l'eau de trempage, et replacer le petit épeautre dans une fois et demie son poids en eau.

3 Amener à ébullition et laisser mijoter à feu très doux 20 à 30 min. Laisser ensuite gonfler hors du feu et égoutter.

4 Laver la tomate et le concombre. Les couper en dés. Ciseler les feuilles de menthe. Peler et hacher l'ail très finement.

5 Dans un saladier, mélanger le petit épeautre refroidi, les légumes, les pois chiches, la menthe et l'ail.

6 Arroser de jus de citron, d'huile d'olive et enfin saler et poivrer selon le goût. Servir bien frais.

VELOUTÉ D'ASPERGES

INGRÉDIENTS POUR 1 PERSONNE :

- 300 g d'asperges vertes
- ½ cube de bouillon de légumes dégraissé
- 10 g de fécule de maïs
- 75 ml de lait demi-écrémé
- Le jus d'½ citron
- Sel et poivre du moulin

1 Peler les asperges à l'économe. Couper à environ 2 cm de l'extrémité pour retirer la partie qui reste fibreuse.

2 Laver rapidement les asperges sous un filet d'eau (ne pas les faire tremper).

3 Porter à ébullition 300 ml d'eau avec le cube de bouillon et plonger les asperges. Laisser cuire 7 à 8 min à gros bouillon. Vérifier la cuisson avec la pointe d'un couteau. Mixer le tout.

4 Délayer dans un verre la fécule de maïs avec le lait froid. Verser le mélange lait-fécule de maïs dans la préparation d'asperges et faire épaissir sans cesser de remuer à feu doux.

5 Ajouter un filet de jus de citron, saler et poivrer selon le goût. Savourer !

- -

TOASTS POMME-CHÈVRE AUX NOIX

INGRÉDIENTS POUR 1 PERSONNE :

- 1 pomme granny-smith
- 30 g de cabécou
- 15 g de noix
- Poivre

1 Enlever le trognon de la pomme à l'aide d'un vide-pomme. Couper la pomme en fines tranches, faire de même avec le cabécou, en le coupant à l'horizontale.

2 Poêler autant de tranches de pommes qu'il y a de tranches de cabécou, sans matière grasse. Émincer finement le reste des tranches de pommes. Concasser les noix.

3 Déposer une tranche de cabécou par tranche de pomme, poivrer puis les déposer ensuite sous le gril du four pour faire fondre le fromage légèrement.

4 Servir ces « toasts » avec le reste de pomme émincée, la noix concassée et une salade verte au jus de citron.

- -

SALADE DE CHOU ROUGE ET POMME RÂPÉE À L'HUILE DE GERME DE BLÉ

INGRÉDIENTS POUR 1 PERSONNE :

- 150 g de chou rouge
- 1 pomme type golden
- Le jus d'$\frac{1}{2}$ citron
- 1 c. à c. de moutarde

- 1 c. à s. d'huile de germe de blé
- Quelques graines de céleri

1 Laver le chou et peler la pomme, puis les râper finement.

2 Mélanger le jus de citron, la moutarde, l'huile de germe de blé, napper la salade.

3 Parsemer de graines de céleri et servir aussitôt.

SOUPE DE CRESSON

INGRÉDIENTS POUR 1 PERSONNE :

- 1 belle botte de cresson
- 3 pommes de terre moyennes
- 15 g de beurre
- 1 échalote
- 1 belle branche de thym
- 1 cube de bouillon

1 Laver, nettoyer le cresson pour enlever les trop grosses tiges. Éplucher les pommes de terre, et les détailler en cubes.

2 Dans une grande casserole, mettre le beurre à chauffer. Lorsqu'il commence à grésiller (sans brûler), ajouter le cresson, les pommes de terre, l'échalote hachée grossièrement et le thym.

3 Laisser le cresson ramollir et ajouter 1 litre d'eau (ou plus selon la quantité de cresson) et le cube de bouillon. Il faut que l'eau recouvre les légumes d'au moins deux doigts.

4 Arrêter la cuisson lorsque les pommes de terre sont très tendres et s'écrasent avec une cuillère en bois.

5 Une fois la préparation tiédie, enlever et réserver un peu de bouillon. Mixer les légumes et ajouter le bouillon réservé pour obtenir la consistance désirée. Servir immédiatement.

PURÉE FROIDE DE COURGETTES À LA PROVENÇALE

INGRÉDIENTS POUR 1 PERSONNE :

- 250 g de courgettes fraîches
- ½ oignon
- ½ gousse d'ail
- Le jus d'½ citron
- 1 c. à c. d'herbes de Provence
- Sel et poivre en grains

1 Laver et couper les courgettes en petits dés, peler et ciseler l'oignon et presser la gousse d'ail. Faire revenir l'ail et l'oignon dans une casserole antiadhésive, ajouter ensuite les dés de courgettes.

2 Verser très peu d'eau et laisser mijoter 10 min environ. Ajouter le jus de citron à la fin.

3 Si la compotée est trop liquide, la faire dessécher quelques minutes sur le feu.

4 Mixer ensuite l'ensemble, ajouter les herbes de Provence. Saler et poivrer. Laisser refroidir, puis mettre au réfrigérateur jusqu'au service.

5 Déguster bien frais !

POTAGE DE PRINTEMPS EXPRESS

INGRÉDIENTS POUR 1 PERSONNE :

- 200 g de poireaux
- 90 g de pommes de terre
- 50 g d'oseille
- 1 c. à s. de cerfeuil ciselé
- Sel et poivre

1 Laver les poireaux et les pommes de terre. Les couper finement. Rincer l'oseille.

2 Faire revenir doucement les poireaux à sec, dans une poêle à revêtement antiadhésif.

3 Baisser le feu, ajouter l'oseille, les pommes de terre, saler, poivrer et ajouter de l'eau à mi-hauteur. Laisser cuire 20 min.

4 Juste avant de servir, ajuster l'assaisonnement et parsemer de cerfeuil ciselé.

- -

SALADE FRAÎCHE VERTE ET ROUGE

INGRÉDIENTS POUR 1 PERSONNE :

- 100 g de haricots verts frais
- 50 g de poivron rouge
- 1 oignon rouge
- 1 c. à c. d'huile de colza

- 1 c. à c. de vinaigre de framboise
- 1 c. à s. de persil ciselé
- Sel et poivre

1 Équeuter les haricots verts et les laver rapidement sous l'eau froide. Les cuire à la vapeur pendant 5 min et les réserver.

2 Laver le poivron rouge, le couper en deux, retirer les graines et les parties blanches et le détailler en fines lamelles. Peler et émincer l'oignon rouge.

3 Dans un bol, mélanger l'huile de colza et le vinaigre de framboise. Saler et poivrer.

4 Répartir les haricots verts, les lamelles de poivron rouge et l'oignon rouge émincé dans une assiette.

5 Arroser de sauce au vinaigre de framboise et parsemer de persil ciselé.

- -

POIVRONS GRILLÉS À L'AIL

INGRÉDIENTS POUR 1 PERSONNE :

- 2 poivrons rouges
- 2 gousses d'ail
- 1 c. à c. d'huile d'olive
- Sel et poivre

1 Allumer le four en position gril.

2 Laver les poivrons, et les essuyer avec du papier absorbant.

3 Les enfourner sur une plaque jusqu'à ce qu'ils soient bien grillés sur toutes les faces. Veiller à laisser la porte du four entrouverte.

4 Pendant ce temps, peler et écraser l'ail dans un bol.

5 Mettre les poivrons chauds dans un sac en plastique et fermer le sac. Attendre 1 h pour permettre à la peau de se décoller sous l'effet de la condensation.

6 Peler les poivrons à la main, les vider et les couper en lanières.

7 Mélanger avec l'ail écrasé, l'huile d'olive, saler et poivrer.

8 À consommer froid ou tiède.

SALADE CROQUANTE POMME-CHOU

INGRÉDIENTS POUR 1 PERSONNE :

- 150 g de chou blanc
- 1 belle pomme granny-smith
- Le jus d'$\frac{1}{2}$ citron
- 1 c. à c. de moutarde
- 1 c. à c. d'huile de noix
- Quelques graines de céleri
- Sel et poivre

1. Laver le chou et peler la pomme, puis les râper finement.

2. Mélanger le jus de citron, la moutarde et l'huile de noix. Assaisonner et parsemer de graines de céleri.

3. Servir bien frais.

- -

SALADE FESTIVE

INGRÉDIENTS POUR 1 PERSONNE :

- 50 g de tofu fumé
- ½ échalote
- 50 g de betterave
  rouge cuite
- 50 g de tomates cerise

- 60 g de mâche
- 10 g de noisettes
  concassées non salées
- Sel et poivre

1 Émietter le tofu, le disposer sur une **assiette**, filmer, puis placer au frais.

2 Peler et émincer l'échalote. Couper la betterave en julienne et les tomates cerise en deux.

3 Mélanger la mâche, les betteraves, l'échalote et les noisettes concassées. Saler, poivrer.

4 Déposer la salade sur une belle assiette, disposer le tofu et les tomates cerise.

5 Accompagner d'une sauce crudité ou vinaigrette allégée maison au vinaigre de Xérès.

- -

GALETTES DE QUINOA

INGRÉDIENTS POUR 1 PERSONNE :

- 25 g de quinoa cru
- Bouillon de légumes dégraissé ($^1/_4$ de cube dans 3 fois le volume de quinoa en eau)
- $^1/_2$ échalote
- 1 c. à c. de persil haché

- 10 g de farine
- 10 g de chapelure
- 1 c. à c. d'huile d'olive
- 1 pincée de noix muscade râpée
- Sel et poivre

1 Ciseler l'échalote, la faire revenir à sec dans une casserole à revêtement antiadhésif. Ajouter le quinoa, le faire revenir 2 min, puis ajouter le bouillon de légumes. Baisser légèrement le feu et laisser cuire 15 min.

2 Assaisonner en fin de cuisson, saupoudrer de persil haché et écraser légèrement la préparation à la fourchette.

3 Ajouter la farine, bien mélanger.

4 Former des petites galettes avec les mains, les passer dans la chapelure, puis les faire revenir à l'huile d'olive dans une poêle à revêtement antiadhésif, jusqu'à ce qu'elles soient dorées sur les deux faces. Ajouter la noix muscade, saler et poivrer.

PLATS

CHOP SUEY DE LÉGUMES AU TOFU

INGRÉDIENTS POUR 1 PERSONNE :

- 120 g de tofu nature
- 100 g de chou-fleur en fleurettes
- 100 g de brocoli en fleurettes
- 1 carotte
- 50 g de champignons de Paris

- 1 oignon
- 2 gousses d'ail
- 2 c. à s. de sauce soja
- 1 c. à c. de gingembre frais râpé
- 1 c. à c. d'huile de sésame
- Poivre

1 Éplucher, laver la carotte et la couper en fines rondelles. Éplucher et émincer l'oignon et les champignons.

2 Dans une sauteuse à revêtement antiadhésif, faire revenir l'oignon dans l'huile, puis ajouter les fleurettes de chou-fleur et brocoli, les champignons émincés, la carotte, le gingembre et l'ail écrasé.

3 Faire revenir les légumes 10 min en les gardant croquants, puis ajouter le tofu en dés et compléter avec la sauce soja. Servir aussitôt.

ROUGAIL DE TOFU FUMÉ

INGRÉDIENTS POUR 1 PERSONNE :

- 120 g de tofu fumé
- 1 oignon
- 1 gousse d'ail
- 1 boîte de coulis
  de tomates nature

- Curcuma
- Thym

1 Éplucher l'oignon et l'ail. Les faire revenir à sec dans une poêle à revêtement antiadhésif. Y ajouter le curcuma à convenance, puis laisser mijoter 5 min.

2 Intégrer le tofu fumé coupé en dés, le thym, et de l'eau pour obtenir une sauce. Laisser mijoter quelques minutes, puis verser le coulis de tomates. Laisser cuire encore 10 min à feu doux.

3 Servir chaud !

ŒUFS COCOTTE EN NID DE JULIENNE DE LÉGUMES ET COULIS DE TOMATES

INGRÉDIENTS POUR 2 PERSONNE :

- 2 œufs
- 200 g de julienne de légumes surgelée
- 1 brique de coulis de tomates nature
- 1 pincée de noix muscade râpée
- Sel et poivre en grains

1. Dans une poêle à revêtement antiadhésif, faire revenir à feu doux la julienne de légumes sans matière grasse. Saler, poivrer et saupoudrer de noix muscade râpée.

2. Préchauffer le four à 180 °C (th. 6). Répartir la julienne de légumes cuite dans deux bols allant au four et creuser un puits au milieu. Casser un œuf dans chaque puits et enfourner pour 10 min.

3. Pendant ce temps, faire chauffer le coulis de tomates quelques minutes au four à micro-ondes.

4. Servir les œufs cocotte nappés de coulis de tomates.

FLAN D'ÉPINARDS AU TOFU

INGRÉDIENTS POUR 1 PERSONNE :

- 200 g d'épinards hachés
- 50 g de ricotta
- 1 œuf
- 60 g de tofu

- 1 pincée de piment d'Espelette
- 1 pincée de sarriette
- Sel

1 Séparer le blanc du jaune d'œuf. Battre énergiquement le blanc avec un peu de sel, le piment et la sarriette. Incorporer la ricotta et les épinards, puis le jaune d'œuf et assaisonner.

2 Chemiser un ramequin de papier sulfurisé. Disposer au fond une couche d'épinards, le tofu en dés, puis encore une couche d'épinards.

3 Disposer le ramequin au bain-marie dans un plat creux. Enfourner à 190 °C (th. 7) pour 25 à 30 min.

ŒUFS À LA FLORENTINE

INGRÉDIENTS POUR 1 PERSONNE :

- 2 œufs
- 300 g d'épinards
  en branches
- 50 g de ricotta
- 1 c. à c. de menthe
  ciselée

- 1 c. à c. de vinaigre blanc
- 1 pincée de cumin
- Sel et poivre

1 Faire chauffer une casserole d'eau avec le vinaigre, jusqu'au léger frémissement. Casser chaque œuf dans un récipient distinct. Cuire un œuf après l'autre : prendre une cuillère et le déposer délicatement dans la casserole d'eau vinaigrée frémissante. Avec une écumoire, enrober le jaune avec le blanc. Laisser cuire quelques minutes. Égoutter et passer sous un filet d'eau.

2 Rincer les épinards, puis les presser pour les égoutter au maximum. Les faire revenir à sec dans une poêle à revêtement antiadhésif, ajouter la ricotta, assaisonner et bien mélanger.

3 Disposer le nid d'épinards à la ricotta dans l'assiette, puis déposer dessus les œufs pochés et la menthe ciselée. Servir tiède.

- -

MILLET FAÇON RISOTTO

INGRÉDIENTS POUR 4 PERSONNES :

- 200 g de millet
- 16 asperges vertes
- 1 petit oignon jaune
- 1 gousse d'ail
- 1 l de bouillon de légumes dégraissé

- 2 c. à c. d'huile de tournesol
- 2 c. à c. de crème à 30 % de MG
- Quelques feuilles de basilic
- Sel et poivre

1 Émincer l'oignon et la gousse d'ail. Les faire suer dans une poêle avec l'huile. Lorsque l'oignon et l'ail sont bien fondants, ajouter le millet. Remuer avec une spatule pour bien imprégner les grains d'huile. Ils doivent devenir translucides.

2 Verser alors trois louches de bouillon. Mélanger jusqu'à ce que le millet l'ait absorbé. Réduire le feu et continuer à incorporer le bouillon une louche à la fois. Saler, poivrer, couvrir et laisser cuire à feu moyen 10 min environ.

3 Pendant ce temps, laver et émincer les feuilles de basilic. Les réserver. Préparer les asperges : les laver, couper les pieds et les éplucher.

4 Plonger les asperges dans une grande casserole d'eau bouillante pendant 6 min. Les égoutter, couper les pointes et le reste des asperges en tronçons. Lorsque le risotto de millet est cuit, ajouter les tronçons d'asperges et la crème.

5 Rectifier l'assaisonnement selon le goût. Servir décoré de feuilles de basilic émincées et pointes d'asperges.

- -

AUBERGINE FARCIE AU RIZ ET TOMATES PROVENÇALES

INGRÉDIENTS POUR 1 PERSONNE :

- 1 aubergine
- 50 g de riz (poids cru)
- 100 g de tomates pelées concassées en conserve
- $1/2$ citron

- 1 oignon
- 1 c. à s. de basilic
- 1 pincée de thym
- 1 c. à c. d'huile d'olive
- Sel et poivre

1 Préchauffer le four à 180 °C (th. 6).

2 Laver l'aubergine et la couper en deux dans la longueur. Vider la chair sans percer la peau et laisser $1/2$ cm d'épaisseur. Couper la chair en petits dés et la citronner pour qu'elle ne noircisse pas.

3 Peler l'oignon et l'émincer finement. Dans une poêle, faire revenir la chair de l'aubergine dans l'huile avec l'oignon émincé.

4 Laisser mijoter pendant 5 min. Saler et poivrer.

5 Ajouter les tomates, le riz cru et un peu de basilic. Laisser mijoter à feu doux pendant 20 min.

6 Avec la farce ainsi obtenue, farcir les demi-aubergines et les saupoudrer de thym. Placer les aubergines dans un plat allant au four et enfourner pour 45 min.

POÊLÉE DE LÉGUMES CURCUMA-COCO

INGRÉDIENTS POUR 2 PERSONNES :

- 1 aubergine
- 1 concombre
- 1 poivron rouge
- ½ c. à c. de curcuma en poudre
- 4 c. à s. de lait de coco
- Quelques feuilles de coriandre fraîche
- Sel et poivre

1 Laver les légumes, les peler et épépiner le concombre.

2 Couper le poivron en deux, éliminer les pépins et les parties blanches.

3 Couper tous les légumes en dés de même calibre.

4 Faire revenir les dés d'aubergine et de poivron à sec dans une poêle à revêtement antiadhésif, avec le curcuma, pendant 10 min. Ajouter les dés de concombre et poursuivre la cuisson encore 5 min.

5 En fin de cuisson, baisser le feu, ajouter le lait de coco, bien remuer. Saler, poivrer.

6 Servir aussitôt parsemé de coriandre fraîche ciselée.

COURGETTE FARCIE AU TEMPEH

INGRÉDIENTS POUR 1 PERSONNE :

- 1 courgette moyenne
- 60 g de tempeh nature
- 1 gousse d'ail
- 1 c. à s. d'herbes
  de Provence
- 1 c. à s. de sauce soja

- 1 pincée de paprika
- 1/2 oignon
- 1 œuf
- 1 c. à c. de graines
  de tournesol

1 Éplucher et hacher la gousse d'ail. Dans un saladier, émietter le tempeh à la fourchette. Ajouter l'ail haché, les herbes de Provence, la sauce soja et le paprika. Remuer et laisser reposer au moins 1 h.

2 Laver la courgette et la couper en deux dans le sens de la longueur. Creuser chaque moitié à l'aide d'une cuillère en veillant à laisser 1 cm de chair autour de la peau. Éliminer les pépins et réserver la chair. Cuire la courgette évidée 10 min à la vapeur.

3 Pendant ce temps, éplucher l'oignon, le hacher avec la chair de courgette. Cuire à l'étouffée 10 min. Laisser tiédir. Préchauffer le four à 180 °C (th. 6).

4 Battre l'œuf dans un bol. Ajouter la chair de courgette, les graines de tournesol et enfin le tempeh mariné égoutté. Farcir les demi-courgettes avec cette préparation, dresser dans un plat allant au four et enfourner pour 20 min.

CURRY D'AUBERGINE

INGRÉDIENTS POUR 1 PERSONNE :

- 1 aubergine
- ½ oignon
- ½ c. à c. curry en poudre
- 1 pincée de gingembre en poudre
- ½ c. à c. de graines de cumin
- 1 gousse d'ail

- 1 yaourt nature classique non sucré
- Le jus d'½ citron
- 1 c. à c. de persil haché
- 1 c. à c. de coriandre ciselée
- Sel

1 Laver l'aubergine et la couper en deux dans le sens de la longueur. Saler et si possible laisser dégorger 20 min.

2 Hacher l'oignon, le faire revenir dans une cocotte à revêtement antiadhésif avec le curry, le gingembre et les graines de cumin jusqu'à ce qu'il soit bien doré.

3 Couper l'aubergine en petits dés et les ajouter dans la cocotte ainsi que l'ail pressé.

4 Faire cuire à l'étouffée à feu doux en ajoutant un fond d'eau pendant 20 à 30 min jusqu'à ce que l'aubergine soit bien fondante.

5 Battre le yaourt avec le jus de citron, saler et poivrer. Ajouter le yaourt avec l'aubergine et mélanger quelques minutes sur le feu. Parsemer d'herbes fraîches ciselées et servir sans attendre.

PÂTISSON FARCI

INGRÉDIENTS POUR 2 PERSONNES :

- 1 pâtisson
- 1 oignon
- 100 g de protéines de soja texturées
- Bouillon de légumes

- 40 g d'emmental râpé
- 1 gousse d'ail
- 1 c. à s. de persil haché
- Sel et poivre en grains

1 Mettre à réhydrater les protéines de soja dans le bouillon de légumes chaud.

2 Préchauffer le four à 210 °C (th. 7). Laver le pâtisson, couper son chapeau, l'évider entièrement.

3 Réduire l'oignon en purée à l'aide d'un mixeur. Dans un saladier, mélanger les protéines de soja avec la purée d'oignon, l'emmental râpé, l'ail écrasé, le persil. Saler et poivrer.

4 Garnir le pâtisson de ce mélange.

5 Enfourner pour 1 h. Servir immédiatement !

MAÏS POÊLÉ FAÇON CHILI

INGRÉDIENTS POUR 1 PERSONNE :

- 200 g de maïs doux
- 1/2 oignon rouge
- 1/2 poivron rouge
- 1/2 c. à c. d'épices à chili
- 200 g de pulpe de tomate
  en conserve

- 1 c. à c. de basilic ciselé
- 1 c. à c. d'huile d'olive
- Sel et poivre

1 Peler et émincer l'oignon. Laver et couper le poivron en deux, éliminer les pépins et les parties blanches. Le couper en petits dés.

2 Faire chauffer l'huile dans une poêle. Ajouter l'oignon émincé et les dés de poivron.

3 Dès qu'ils sont bien dorés, ajouter le maïs doux égoutté, les épices et poursuivre la cuisson 5 min.

4 Verser la pulpe de tomate, ajouter le basilic et laisser mijoter 10 min. Servir bien chaud !

COURGETTES POÊLÉES AU CUMIN

INGRÉDIENTS POUR 2 PERSONNES :

- 3 courgettes
- 1 oignon doux

- 1 c. à c. de cumin en poudre
- Sel et poivre en grains

1. Éplucher les courgettes et les couper en petits dés.

2. Éplucher et émincer l'oignon, puis le faire revenir dans un wok bien chaud avec un peu d'eau.

3. Ajouter les courgettes, le sel, le poivre et le cumin. Laisser cuire 10 min. Les courgettes doivent être cuites tout en restant croquantes.

BROCHETTES DE TOFU À LA PROVENÇALE

INGRÉDIENTS POUR 1 PERSONNE :

- 120 g de tofu
- 1 c. à c. de concentré
  de tomate
- 1 pincée de cumin
  en poudre
- 1 tomate
- $\frac{1}{2}$ courgette

1 Préchauffer le four à 180 °C (th. 6).

2 Couper le tofu en gros cubes réguliers.

3 Dans un saladier, délayer le concentré de tomate dans un peu d'eau et le cumin. Bien mélanger avec les dés de tofu.

4 Laver, peler et épépiner les légumes. Les couper en gros cubes de la taille de ceux de tofu.

5 Sur les piques à brochettes, alterner les dés de tofu et les légumes. Disposer sur la plaque du four recouverte de papier cuisson et enfourner pour 20 min.

CANNELLONIS VÉGÉTARIENS

INGRÉDIENTS POUR 1 PERSONNE :

- 2 feuilles de lasagne
- 100 g d'épinards surgelés
- 100 g de courgettes
- ½ oignon
- 50 g de pois chiches (poids cuit)
- 2 petits-suisses nature à 0 % de MG
- 50 g de coulis de tomates nature
- 1 c. à s. de persil ciselé
- Sel et poivre

1 Préchauffer le four à 210 °C (th. 7).

2 Décongeler les épinards au four à micro-ondes. Laver et râper les courgettes. Faire revenir ces deux légumes dans une poêle à revêtement antiadhésif avec l'oignon émincé.

3 Dans un récipient, écraser les pois chiches à la fourchette. Mélanger les petits-suisses, les pois chiches écrasés et les légumes. Saler et poivrer.

4 Cuire les feuilles de lasagne à l'eau bouillante salée pendant 1 à 2 min, puis les rincer délicatement à l'eau froide et les égoutter à plat sur un torchon propre. Étaler la farce sur chaque feuille de lasagne et les rouler pour former des *cannellonis*.

5 Déposer les rouleaux dans un plat à gratin recouvert de papier cuisson. Napper de coulis de tomates et d'un peu de persil, puis enfourner pour 10 min. Servir bien chaud !

POÊLÉE DE CHOU À L'AMARANTE

INGRÉDIENTS POUR 1 PERSONNE :

- 200 g de chou blanc
- 50 g d'amarante (poids cru)
- $\frac{1}{2}$ oignon
- $\frac{1}{2}$ cube de bouillon de légumes dégraissé
- 1 pincée de noix muscade râpée

1 Laver les feuilles de chou et les couper en fines lanières. Les blanchir dans un grand volume d'eau salée pendant 10 min.

2 Émincer l'oignon. Rincer l'amarante à l'eau froide.

3 Dans une poêle à revêtement antiadhésif sans matières grasses, faire revenir à feu vif l'oignon, puis ajouter l'amarante et saupoudrer de muscade. Dès que les graines sont bien dorées, ajouter le chou.

4 Préparer le bouillon en diluant le cube dans 25 ml d'eau bouillante et ajouter dans la poêle. Laisser cuire jusqu'à totale absorption. Servir bien chaud !

POÊLÉE DE POTIRON ET PILPIL À L'ORIENTALE

INGRÉDIENTS POUR 1 PERSONNE :

- 300 g de potiron
- 50 g de pilpil cru
- 1/2 oignon
- 1/2 c. à c. de ras-el-hanout
- 1/2 yaourt nature velouté à 0% de MG
- 1/2 c. à c. de curry en poudre
- 1 c. à c. de menthe ciselée
- 1 c. à c. de coriandre ciselée
- 1 c. à c. de jus de citron
- 15 g de raisins secs
- Sel et poivre

1 Couper le potiron en dés. Éplucher et émincer l'oignon. Le faire dorer à sec dans une poêle à revêtement antiadhésif avec le ras-el-hanout, puis ajouter le pilpil. Faire revenir quelques minutes, puis baisser le feu et ajouter trois fois le volume de pilpil en eau.

2 Laisser cuire jusqu'à totale absorption et rectifier la quantité d'eau si nécessaire pour la cuisson du boulgour. Mélanger le yaourt, le curry, les herbes, le jus de citron et les raisins secs.

3 Une fois le pilpil cuit et l'eau totalement évaporée, ajouter les dés de potiron dans la poêle. Saler et poivrer.

4 Réchauffer environ 5 min à feu doux et à couvert, puis servir aussitôt. Napper de la sauce au yaourt.

- -

AUBERGINE AU FOUR

INGRÉDIENTS POUR 1 PERSONNE :

- 1 aubergine
- 1 gousse d'ail
- 1 oignon
- 1 c. à c. de graines de fenouil
- 4 c. à s. de coulis de tomates

- 50 g de boulgour (poids cru)
- 1 c. à s. de persil haché
- 20 g d'emmental râpé
- 1 c. à s. de crème de soja
- Sel et poivre

1 Préchauffer le four à 180 °C (th. 6).

2 Cuire le boulgour dans deux fois son volume d'eau jusqu'à totale absorption, puis couvrir et laisser reposer pour terminer la cuisson.

3 Peler l'aubergine et la couper dans la longueur en tranches d'½ cm d'épaisseur. Saler pour que l'aubergine rende son eau. Attendre 20 min, puis essuyer délicatement les tranches avant de les disposer dans un plat allant au four.

4 Recouvrir avec l'ail écrasé, l'oignon haché, les graines de fenouil écrasées, le persil haché, le coulis de tomates et le boulgour. Saler, poivrer et enfourner pour 40 min.

5 Passer le four en position gril, recouvrir avec l'emmental râpé et la crème mélangés et laisser gratiner quelques minutes.

- -

FASSOLADA
(à préparer la veille)

INGRÉDIENTS POUR 1 PERSONNE :

- 50 g de haricots blancs secs
- 5 cm de céleri-branche
- 1 carotte
- 150 g de tomates concassées
- $\frac{1}{2}$ oignon
- 1 c. à c. de persil haché
- 1 c. à c. de vinaigre de vin
- Sel et poivre

1 La veille, faire tremper les haricots blancs dans de l'eau froide.

2 Le lendemain, laver les légumes, émincer finement le céleri et l'oignon. Peler et couper la carotte en rondelles.

3 Placer tous les ingrédients (sauf le persil et le vinaigre) dans une cocotte et couvrir de 250 ml d'eau. Cuire pendant 30 min sous pression.

4 Ajuster l'assaisonnement et servir dans une assiette. Parsemer de persil haché et arroser de vinaigre de vin.

- -

SAUTÉ DE SEITAN À LA CHINOISE

INGRÉDIENTS POUR 1 PERSONNE :

- 130 g de seitan
- 1 c. à s. de sauce soja
- 1 pincée de gingembre en poudre
- 1 pincée de poivre de Sichuan
- 50 g de champignons noirs

- 150 g d'ananas frais ou 110 g d'ananas au sirop égoutté
- 1 gousse d'ail
- 50 g de poivron vert
- 100 g de pousses de soja
- 1 c. à c. de vinaigre de cidre

1 Dans un saladier, mélanger la sauce soja, le gingembre et le poivre. Ajouter le seitan coupé en lanières et laisser mariner 30 min. Faire tremper les champignons noirs 30 min dans l'eau tiède, puis les rincer et les couper en fines lamelles. Couper l'ananas en petits dés. Peler et écraser l'ail. Laver et épépiner le poivron, éliminer les parties blanches et le découper en lanières. Égoutter et rincer les pousses de soja. Égoutter les lamelles de seitan et réserver la marinade.

2 Dans une poêle à revêtement antiadhésif bien chaude ou un wok, faire revenir à feu vif et à sec l'ail écrasé et les lamelles de seitan. Ajouter les lanières de poivron et les dés d'ananas. Laisser cuire à feu vif pendant 5 min. Ajouter les pousses de soja et les champignons noirs et laisser cuire encore 10 min à feu moyen.

3 Mélanger à froid le vinaigre avec un verre d'eau et la marinade. Verser dans une casserole et porter à ébullition, laisser cuire 2 min. Au moment de servir, répartir le contenu de la poêle dans une assiette et napper avec la sauce.

- -

DESSERTS

CRÈME À LA BANANE

INGRÉDIENTS POUR 1 PERSONNE :

- 2 petits-suisses nature
  à 0 % de MG (20 % de
  MG pour le menu
  à 1 800 kcal)

- ½ banane bien mûre
- 1 c. à s. d'édulcorant
  en poudre
- 1 pincée de cannelle

1 Peler la banane. Verser dans un mixeur, les petits-suisses, la banane coupée en morceaux, l'édulcorant et la pincée de cannelle.

2 Mixer tous les ingrédients pendant 2 min pour obtenir une crème onctueuse et homogène.

3 Servir et déguster sans attendre !

RIZ AU LAIT RÉGLISSÉ

INGRÉDIENTS POUR 1 PERSONNE :

- 20 g de riz rond type arborio cru
- 1 bâtonnet de réglisse
- 150 ml de lait demi-écrémé
- 1 cm de gousse de vanille
- 1 c. à c. de sucre en poudre

1. Couper le bâtonnet de réglisse en petits tronçons.

2. Faire frémir le lait à feu vif, puis le laisser tiédir en ajoutant les tronçons de réglisse et les laisser infuser. Puis retirer la réglisse à l'aide d'une écumoire.

3. Laver le riz, puis le blanchir 2 min à l'eau bouillante salée.

4. L'égoutter, puis le cuire dans le lait réglissé frémissant avec la gousse de vanille grattée, à demi-couvert, pendant 20 à 30 min, jusqu'à ce que le lait soit absorbé par le riz.

5. Laisser reposer 5 min, puis ajouter le sucre.

6. Placer au réfrigérateur jusqu'au service.

- -

YAOURT MIELLÉ AUX CÉRÉALES ET ABRICOTS

INGRÉDIENTS POUR 1 PERSONNE :

- 20 g de céréales riches en fibres
- 1 c. à s. de miel

- 1 yaourt nature à 0 % de MG
- 2 abricots

1 Mélanger les céréales avec le miel.

2 Fouetter le yaourt de façon à incorporer un peu d'air.

3 Laver puis couper en cubes les abricots, les ajouter au yaourt.

4 Dans un verre transparent, disposer successivement la préparation céréales-miel et le yaourt fouetté aux dés d'abricots.

5 Déguster bien frais.

- -

SALADE D'ORANGE À L'ORIENTALE

INGRÉDIENTS POUR 1 PERSONNE :

- 1 orange non traitée
- 1 c. à c. de miel
- 10 g de d'amandes effilées

- 1 pincée de cannelle
- 2 feuilles de menthe fraîche

1 Peler l'orange à vif et la couper en dés. Conserver le jus et quelques zestes (fins et sans parties blanches).

2 Mélanger le jus récupéré avec le miel.

3 Torréfier les amandes quelques minutes dans une poêle à sec.

4 Dans une petite coupelle, dresser les dés d'orange, arroser de sirop au miel, saupoudrer d'amandes et de cannelle et parsemer de quelques zestes d'orange et de menthe fraîche ciselée.

- -

ENTREMETS VANILLE-CARDAMOME

INGRÉDIENTS POUR 2 PERSONNES :

- 300 ml de lait d'amande
- 2 gousses de cardamome
- 1 g d'agar-agar
- ½ gousse de vanille
- 30 g de sucre en poudre

1 Dans une casserole, faire chauffer le lait d'amande avec les gousses de cardamome préalablement ouvertes en deux et la gousse de vanille grattée.

2 Porter à ébullition, puis laisser infuser hors du feu pendant 20 min minimum.

3 Retirer les gousses, puis ajouter l'agar-agar.

4 Remettre sur le feu vif pendant 1 min. Ajouter ensuite le sucre en pluie, puis verser la préparation dans deux ramequins ou verres transparents.

5 Laisser tiédir, puis placer au réfrigérateur pendant 30 min au moins avant dégustation.

- -

DIPLOMATE LÉGER AUX FRAMBOISES

INGRÉDIENTS POUR 1 PERSONNE :

- 200 g de framboises
- $\frac{1}{4}$ de citron
- 2 c. à c. d'édulcorant
- 2 cm de gousse de vanille
- 1 yaourt nature à base de lait demi-écrémé
- 1 boudoir

1 Réserver 2 framboises entières. Écraser le reste des framboises avec le jus du citron et la moitié de l'édulcorant.

2 Fendre la gousse de vanille et récupérer les graines à l'aide de la pointe d'un couteau. Mélanger le yaourt, les graines de vanille et le reste d'édulcorant.

3 Dans le fond d'un verre, déposer le boudoir grossièrement émietté. Ajouter les framboises citronnées et la préparation au yaourt par-dessus.

4 Terminer en disposant sur le dessus les 2 framboises entières. Servir rapidement.

CARPACCIO DE FRAISES AU SIROP DE BASILIC ET À LA PISTACHE

INGRÉDIENTS POUR 1 PERSONNE :

- 250 g de fraises
- 2 feuilles de basilic frais
- 8 g de pistaches décortiquées non salées
- 1 c. à c. d'édulcorant en poudre
- ½ citron bio

1. Presser le demi-citron. Récupérer quelques zestes fins et sans partie blanche. Porter sur le feu le jus de citron, les zestes coupés finement, l'édulcorant en poudre et les feuilles de basilic ciselées.

2. Laisser réduire quelques minutes à feu doux, puis filtrer. Rincer et équeuter les fraises. Les couper en fines lamelles et les disposer joliment sur une assiette à dessert plate.

3. Concasser les pistaches et les faire dorer quelques minutes dans une poêle à sec.

4. Arroser les fraises du sirop réduit et parsemer sur le dessus les pistaches torréfiées.

- -

SHAKE VÉGÉTAL AUX FRUITS ROUGES

INGRÉDIENTS POUR 1 PERSONNE :

- 150 ml de boisson végétale nature enrichie en calcium
- 200 g de mélange de fruits rouges
- 1 c. à s. rase de sucre en poudre
- Le jus d'$1/4$ de citron
- 2 c. à s. de glace pilée (environ 2 petits glaçons)

1 Placer les fruits rouges dans un mixeur avec la boisson végétale, le sucre, le jus de citron et la glace pilée.

2 Mixer l'ensemble quelques secondes et servir dans un verre frais.

- -

VERRINE AUX MÛRES

INGRÉDIENTS POUR 1 PERSONNE :

- 200 g de mûres
- 50 g de fromage blanc nature à 20 % de MG
- 1 petit-suisse nature à 20 % de MG
- 2 cm de gousse de vanille
- 1 c. à c. d'édulcorant en poudre
- 1 spéculoos

1 Rincer les mûres. Réserver 4 belles mûres entières et passer le reste au chinois pour retirer les pépins.

2 Mélanger le fromage blanc et le petit-suisse. Ajouter les graines de vanille et l'édulcorant.

3 Écraser le spéculoos.

4 Verser la moitié du mélange au fromage blanc au fond d'une verrine, ajouter par-dessus les mûres écrasées. Renouveler l'opération une seconde fois et terminer en saupoudrant de spéculoos émietté et en décorant avec les mûres entières.

SHAKE BANANE-SPIRULINE

INGRÉDIENTS POUR 1 PERSONNE :

- ½ c. à c. de spiruline en poudre (1,5 g)
- 1 c. à s. de jus de citron
- 1 banane
- 150 ml de boisson végétale nature enrichie en calcium
- Quelques glaçons

1 Réhumidifier la spiruline avec 1 cuillerée à soupe d'eau et le jus de citron. Laisser reposer quelques minutes.

2 Mixer avec la banane épluchée, la boisson végétale et quelques glaçons.

3 Déguster sans attendre.

COMPOTÉE DE COINGS

INGRÉDIENTS POUR 1 PERSONNE :

- 250 g de coings
- 2 c. à s. de sucre
  en poudre

- Au choix : cannelle,
  badiane, cardamome…

1. Éplucher et épépiner les coings. Les couper en morceaux.

2. Dans une casserole, déposer les morceaux de coing, 2 cuillerées à soupe d'eau, le sucre et les épices au choix.

3. Faire cuire à feu doux à couvert pendant 10 à 15 min. Les morceaux doivent être fondants.

4. Retirer les épices si nécessaire et écraser grossièrement à la fourchette les morceaux de coing.

5. Déguster et savourer cette compotée de coings parfumée encore tiède.

GLACE FRAMBOISE AU THÉ VERT

INGRÉDIENTS POUR 1 PERSONNE :

- 200 g de framboises surgelées
- 3 c. à s. de thé vert japonais en feuilles
- 10 g de sucre
- 1 pincée de gingembre râpé

- Le zeste et le jus d'$\frac{1}{2}$ citron vert
- 100 g fromage blanc nature à 20 % de MG

1 Faire bouillir 200 ml d'eau avec le sucre et le thé vert. Laisser infuser 5 à 10 min.

2 Filtrer et ajouter le gingembre finement râpé et quelques zestes de citron vert très fins.

3 Lorsque le sirop est refroidi, ajouter le jus de citron et mixer avec les framboises encore surgelées et le fromage blanc.

4 Faire prendre en sorbetière et terminer la prise au congélateur.

VERRINE POIRE-NOISETTE FAÇON CRUMBLE

INGRÉDIENTS POUR 1 PERSONNE :

- 1 poire
- 2 Petit-beurre®
- 1 c. à s. de purée
  de noisettes

1 Laver et éplucher la poire. La couper en petits dés.

2 Émietter les biscuits.

3 Monter en verrine une couche de dés de poire, la purée de noisettes, le reste de poire et terminer avec les biscuits émiettés.

INDEX DES RECETTES

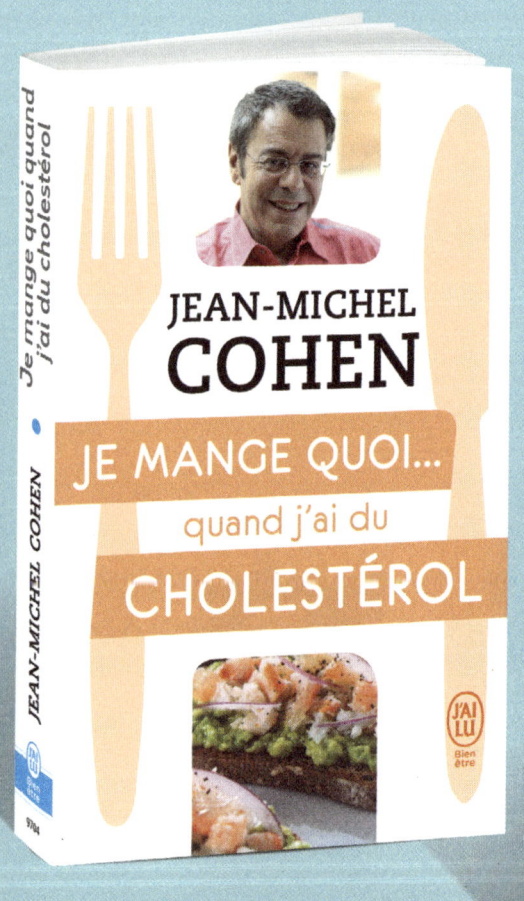